悲嘆とケアの神話論

mythology of grief and care

須佐之男と大国主

鎌田東二
toji kamata

春秋社

目次

序　章　須佐之男のおらび——スサノヲとディオニュソス　3

第1章　日本神話詩　19

開放譚　スサノヲの叫び　20

大国主　なぜこれほどの重荷を背負わなければならないのか？　48

流浪譚　ヤマトタケルの悲しみ　91

国生国滅譚　イザナミの呪い　110

第2章　世界神話詩　133

オルフェウス1　134

オルフェウス2　137

ノア　143

最終の言葉　147

デルフォイの夢　150

第3章　悲嘆の神話詩　153

歎きの城　154
戸口　160
海月なす漂へる国　165
生命の樹　168
神剣　171
出雲鳥兜　174
妹の力　177
小女始源　181
秘密漏洩　184
難破船　187

結　章　受苦と癒しの大国主──痛みとケアの神としての大国主神　191

初出一覧　254
2つのあとがき　256

悲嘆とケアの神話論——須佐之男と大国主

序章　須佐之男のおらび——スサノヲとディオニュソス

神ながらたまちはへませ神ながら　神ながらたまちはへませ神ながら
神ながらたまちはへませ神ながら　神ながらたまちはへませ神ながら

岩陰より滲み出して来る　水を探して　夢を探して
向こう岸に渡る　向こう岸に渡る
夢を開いて　夢よ開けと
あはれあはれ　はへ　あはれあはれ　はへ

神ながらたまちはへませ神ながら　神ながらたまちはへませ神ながら
神ながらたまちはへませ神ながら　神ながらたまちはへませ神ながら

なけなしの夢が壊れて　行く当てもなく流離う
尽十方未来際　尽十方未来際
夢を開いて　夢よ開けと

天晴れ天晴れ　はへ　天晴れ天晴れ　はへ

神ながらたまちはへませ神ながら　神ながらたまちはへませ神ながら
神ながらたまちはへませ神ながら　神ながらたまちはへませ神ながら

祈りの言葉は死に絶えても　朝日の中で甦り咲く
尽十方未来際　尽十方未来際
夢を開いて　夢よ開けと
天晴れ天晴れ　はへ　天晴れ天晴れ　はへ

神ながらたまちはへませ神ながら

――「神ながらたまちはへませ」（二〇二二年七月十七日リリース『絶体絶命』1曲目）

1　はじめに

本書は特異な神話論である。日本神話、特に『古事記』の中に描かれた須佐之男命《すさのをのみこと》と大国主神《おほくにぬしのかみ》を主題に取り上げているが、その取り上げ方が、神話が本来的に持っていた神聖語りとも神聖叙事詩とも言えるような形式を取り込みながら、この二柱の神々に集約されていく「悲嘆とケア」の神話語りをいくつかの角度からスペクタクルに切り出し、表出しようとした実験的な神話論だからである。

須佐之男命は、日本神話の中でもっともトリッキーで媒介者的な役割を果たす最高に能動的なアクションを点火し続けた動的神、というよりも、動乱を引き起こす神である。

それに対して、大国主神はまったく非能動的でフル受動的な神である。ところが、この並々ならぬ受動性が、最高の不思議なパフォーマンスを発現するのだから、「むすひ」のちからの発現というものはじつにおもしろいものである。

さて、大本の教祖の一人である出口王仁三郎《でぐちおにさぶろう》は、自分の霊性をスサノヲ（以下、本章ではカタカナ省略表記とする）と捉えた。そしてスサノヲの霊性のこの今の発現こそ自分に他ならないと自覚し、スサノヲの道を貫いた。

この出口王仁三郎のスサノヲ観の根幹には、「贖罪するスサノヲ」がいる。それが、痛みと悲しみに暮れながら暴れまくり、終には八岐大蛇《やまたのおろち》と対峙する「救済者としてのスサノヲ」となり、そしてその際に「歌うスサノヲ」が顕現し、その後、大国主神に神威を委譲する時に「祝福するスサノヲ」の貌が現れ出る。それらをすべてひっくるめ、束ねて、出口王仁三郎は「歌祭りとしてのスサノヲの道」を提示した。

及ばずながら、私もその道を辿る者である。私の場合は、出口王仁三郎の自覚のように、スサノヲの化身などではなく、何十年も前から（たぶん四十五年前くらいから）「スサノヲの子分」と自称し、公言してきた。

「子分」であるからには、「親分」の言うことを聞かねばならない。紆余曲折の多い我が人生はそのようなスサノヲの「子分」の道の曲折であった。その「子分」であり、大本共感者ではあっても大本信徒ではない私からすると、出口王仁三郎は「スサノヲ組の兄貴分」であり、「スサノヲ組代貸」のような先駆者・先達である。もちろん、「スサノヲ組」の組長であり貸元は、スサノヲ自身である。

そのスサノヲの命により、私も一九九八年十二月十二日から「神道ソングライター」となり、早いもので四半世紀、二十五年が経つ。この「神道ソングライター」の道が出口王仁三郎が実践しようとした「歌祭り」のカマタバージョンである。

私は十歳の時に『古事記』を読み、その後すぐにギリシャ神話を読んで、日本神話とギリシャ神話を貫く共通点・相似性に驚き、興味を抱いてきた。そして、スサノヲの中に、ディオニュソスやポセイドンやヘルメスやペルセウスに重なる神話素を見出してきた。

そこで、本書の序章として、ここでは、その中からスサノヲとディオニュソスとの重なるところや相似点を中心に検討してみたい。

2 異常出生

まず第一に、スサノヲとディオニュソスの異常出生。

『古事記』の中では、スサノヲは父イザナギの鼻から「成れる」神と記述されるが、幼き頃より八束髭《やつかひげ》が胸先に垂れるまで母恋しと啼きいさちり、その泣き声で青山を枯れ山とし海の水をすべて干上がらせてしまったほどであった。

だが、スサノヲはイザナミが産んだ子ではない。イザナミが最後に産み落としたのは、火の神カグツチ（火之夜芸速男《ひのやぎはやをの》神、亦名火之炫毘古《ひのかがびこの》神、亦名火之迦具土《ひのかぐつちの》神）にほかならない。

しかし、この火の神は父イザナギに斬り殺されてしまう。そして、その迸った血や体から、石拆《いはさくの》神、根拆《ねさくの》神、石筒之男《いはつつのをの》神、甕速日《みかはやびの》神、樋速日《ひはやびの》神、建御雷之男《たけみかづちのをの》神（亦名建布都《たけふつの》神、亦名豊布都《とよふつの》神）、闇淤加美《くらおかみの》神、闇御津羽《くらみつはの》神、正鹿山上津見《まさかやまつみの》神、淤縢山津見《おどやまつみの》神、奥山津見《おくやまつみの》神、闇山津見《くらやまつみの》神、志芸山津見《しぎやまつみの》神、羽山津見神、原山津見神、戸山津見神の併せて十六神が成り出たのである。

このように、カグツチは「殺された神」であるが、しかし、殺害されながらも分身・分魂を化生し、変容を遂げた。

そして、イザナミがみまかった黄泉の国に訪ねていったイザナギが、その黄泉国の穢《けが》れに触れて禊《みそぎ》をした時に、最後の最後に鼻から化生したのがスサノヲであった。左目を洗った時に「天照大御神《あまてらすおほみかみ》」、右目を洗った時に「月読命《つくよみのみこと》」、そして鼻を洗った時に「建速須佐之男命《たけはやすさのをのみこと》」が〈成った〉のである。

ここで、スサノヲの化生が目からではなく、その両目の真ん中のすぐ下につながる「鼻」からであったという出自の場所と器官が曲者である。それは、下を向いた三角形の頂点に鼻先が位置するために、両極を媒介もすれば統合もする役割を持っているかに見えるからである。

カグツチはイザナミがミトノマグハヒによって出産した最後の神。そして、スサノヲはイザナギがミソギによって化生した最後の神。その両神、すなわちカグツチとスサノヲが象徴的に等価となる。そして、さらにはイザナギ・イザナミの夫婦神によって最初に生まれて「子の数に入れず」と流され、捨てられた「水蛭子《ひるこ》」も、カグツチとスサノヲに重なる。つまり、ヒルコ（水）—カグツチ（火）—スサノヲ（風、啼きいさちるところから暴風神とも解釈されてきた）は、流されたり、殺されたり、追放されたりする一種の「負の三位一体」という「組・変容」を成す一連の因縁の神々なのである。

端的に言えば、スサノヲは流され棄てられたヒルコと、父イザナギに殺害されたカグツチの変容した最後の姿なのである。それはケガレと、浄化のワザであるミソギとの絶対矛盾的自己同一の化身とも言える。さらに同時に、そこにイザナミが最初に産み落とした未熟児で流されたヒルコも変容し憑依するのだから、スサノヲが引き継いだ悲嘆と痛みの重さ、強烈さは凄まじくも甚大である。

さて、ギリシャ神話において、ディオニュソスは、「ディテュラムボス（二度生まれた子）」と呼ばれた。ディオニュソスの母セメレーは人間であるが、ゼウスに横恋慕され、ゼウスの正妻のヘラに嫉妬され、終に悲劇的な焼死を遂げる。

その母セメレーの焼死体の中から取り上げられて生まれたのがディオニュソスであった。セメレーはヘラにそそのかされて、ゼウスに懇願する。「もしあなた様が本当にゼウスでおいでならば、あなたがお妃のヘーラーさまをお訪ねになるその時のお姿どおりに、私にも神ながらのお貌《かお》を拝ませて下さいませ」と。こう懇願されたゼウスは、「天界に登り、叢雲《むらくも》を呼び疾風《はやて》に雷霆《いかずち》を伴い、何人も遁《のが》れることをえない雷光《いなずま》の戟《ほこ》を手に執った。そして眩《めくるめ》くはたたの光輝に天地をゆるがす轟音を伴い、カドモスの館、セメレーの房《へや》に臨んだ。もとより可死である彼女の肉身は、とうていこの灼熱に堪うべくもなかった」（呉茂一『ギリシア神話』上、新潮文庫、三二七頁、一九七九年）。

つまり、ゼウスは、人間に化身した姿でなく、神そのものの本体でセメレーの前に現れたために、その神聖エネルギーの雷火でセメレーは焼け死んだのである。

スサノヲの母イザナミは火の神カグツチを産んだために、おのれのミホト（女陰）を焼き、病み衰えて死に、黄泉国に神去《かむさ》った。

それに対して、ディオニュソスの母セメレーはヘラに騙され、結果的に夫ゼウスの神火で焼き殺されることになった。そしてその火の中から、ディオニュソスは父ゼウスにより取り出され、腿に縫い込まれて隠し子のように育てられたのである。

この経緯が前掲『ギリシア神話』には、次のように記述されている。

ゼウスのまことの愛は、彼女の地上の恋には、ついにかないえない激越さ、強さを持っていたのだった。しかしゼウスは、彼女の胎内にあってまだ完成に至らない幼児を取り出し、いうごとくは、自身の腿《もも》に縫い込んでおいた。神性を受けている胎児は、天火にあっても死に

ギュスターヴ・モロー
ゼウスの雷光にうたれるセメレー
1894-5 年、ギュスターヴ・モロー美術館蔵

至らないのであった。（同三二七頁）

このあたり、たしかに、『古事記』と「ギリシャ神話」の具体的な筋立てや文脈は異なる。しかしながら、スサノヲもディオニュソスも、ともにいわゆる「エディプスコンプレックス」的な葛藤の只中で誕生し成長したことは共通している。つまり、父イザナミ・ゼウスに対する強烈な怒りと憎しみと、母イザナミ・セメレーに対する深い愛惜と思慕と愛着に引き裂かれている点で。

この火との関わりの異常出生において、スサノヲとディオニュソスは赤い糸（火の糸）で結ばれていると言えるのである。そしてそれは、同時に、母の喪失と、父との確執を内包する事態であり、その異常出生時のトラウマがこの二神を衝き動かしていくダイナモとなる。

3　母への思慕と歌の創出

こうして、母の死がもたらす喪失と思慕の痛みと悲しみが、スサノヲとディオニュソスを刺し貫いている。

そして、第二に、その痛みと悲しみが彼らを狂暴（暴力）と詠歌に導いていく原動力となる。神道的な言い方をすれば、それが荒魂《あらみたま》的に発動すれば暴力や狂乱、和魂《にぎみたま》的に発動すれば詠歌やコロス的叙事詩の詠唱となる。

ともあれ、人間であるセメレーは、オリンポスの最高神ゼウスと交わったために、『神道集』の「熊野縁起」のように、死んでもなおディオニュソスを生んだのである。

だから、半神半人の両義的な神ディオニュソスは、上記のように、大変奇妙な産まれ方をしている神となる。そして、一方のスサノヲは、一度はカグツチとして母イザナミの胎から産まれたが、父イザナギに斬り殺され、もう一度父イザナギの鼻から化生する形で生まれ直した「二度生まれた神」であった。

だとすれば、スサノヲにもディオニュソスにも、母と自分との二重の痛みと悲しみが渦巻いている（厳密に言えば、スサノヲの場合は三重の痛みと悲しみであるが）。そのほぐしようも、ほどきようもない痛みと悲しみが、スサノヲの暴力と詠歌につながり、ディオニュソスの狂乱の秘義と「ディテュランボス」の創出に至るのである。その原初的なトラウマの激烈さ。

しょっぱなに、悲劇的な生（出産）がある。それはしかし、自分だけの所与の問題ではなく、前存在つまり母の痛みや悲しみを不可抗力的かつ不可避的に引き継いでいるということなのである。彼らは、はなから、引き裂かれた二重存在である。

「ディテュランボス」（Διθύραμβος, dithurambos）とは、酒神であるディオニュソスを称える讃歌のことである。それは、数十人の男声合唱のコロスによって歌われたという。悲劇の発生には、ディオニュソスとそれを歌うディテュランボスが深く関与している。ある意味では、ギリシャ悲劇の精髄とも言えるソフォクレスの「エディプス王」の物語も、ディオニュソス神話のリメイクと言える側面がある。父母との葛藤と確執と愛着。呪術的な解決と放浪。

悲劇とは、逆らうことのできない運命に逆らうことから生まれる。受容ではなく、拒絶（否定）と再生（再肯定）を求める弁証法的な往還を含んでいる。そこには、引き裂かれたアンビバレントがある。

スサノヲの狂乱は、ヤマタノヲロチの狂暴と重なっている。そして、その狂暴を解放するために酒を飲ませることも、ディオニュソス＝バッカスという酒神の姿と二重写しになる。そして、いつ果てるともなく続く放浪と遍歴。

マレビトの痛みと苦悩と創造性。そんな「吟遊」という放浪芸のありようをスサノヲとディオニュソスは体現し、その原型的な表現者ともなっている。八雲神歌において繰り返しが多用されることも、コロスの合唱において常にリフレインが重用されることも、歌うことの韻律と呪術性と解放への希求と結びついている。

　スサノヲとディオニュソスはともに殺される神でありつつ殺す神である。彼らは負の感情の渦巻く海に放り出されている。そしてその痛みと悲しみの中から、それを救済するための歌と悲劇を生み出すのである。

　歌は悲哀の中から生まれる。どのような喜びの歌の中にも悲哀が宿っている。そんなアンビバレントな緊張と運命的な絡まりがあり、そのようなアンビバレンツをスサノヲとディオニュソスは体現した神なのである。

4　おわりに

　上記の本論と直接的な関係はないとも言えることだが（深層的には大いにあると思っている）、昔から私がもっとも好きな画家はフランス象徴派のギュスターヴ・モローである。なぜかと言うと、これほど神秘的な緑色を出せる画家はいないからだ。また、緑色のみならず、紫色の神秘性も圧倒的だ。

そのギュスターヴ・モローの画に『ゼウスの雷光にうたれるセメレー』と題する神話画がある（口絵参照）。

火の光背として描かれたゼウスの雷光に打たれて、血を流しながら倒れ仰いでいる白い裸体のセメレー。その周囲に描かれる男神や女神たちは、憂いと驚きの表情を浮かべているように見える。悲嘆、喪失、失意。だが同時に、画面下方中央には目を見開いた女神が光り輝く姿で描かれている。不気味な蒼い空も悲劇的な瞬間を表現しているように見える。

悲劇の誕生、そして悲劇からの誕生。それは悲劇からの解放を求めるが、その動力こそがさらなる次の悲劇を生み出す原因ともなる。そのような悲の連鎖を予言する重苦しい空気と忍耐の中に投げ込まれた未来。

まさにそれこそ、苦悩を運命づけられたスサノヲやディオニュソスが生きる世界そのものの表象ではないだろうか。

第1章

日本神話詩

開放譚

スサノヲの叫び

死

すべては妣の死から始まった
いのちの女神　イザナミの妣の死から
ゆくりなくも　天上の神々は使命した
このくらげなすただよへるくにを修理固成せよ　と
ゆえに　イザナギ　イザナミは　めおととなって　みとのまぐはひにより　国生みを
した

水蛭子《ひるこ》
淡島《あはしま》
淡道穂狭別島《あはじのほのさわけのしま》を皮切りに

伊予《いよ》の二名島《ふたなのしま》
天之忍許呂別《あめのおしころわけ》てふ隠岐の三子島《みつごのしま》
筑紫島《つくしのしま》を産んだ

伊予と筑紫は　身一つにして面《おも》四つの島　だった

つづいて　天比登都柱《あめのひとつばしら》てふ伊伎島《いきのしま》
天之狭手依比売《あめのさでよりひめ》てふ津島《つしま》
佐度島《さどのしま》を　産み

そのあとに　天御虚空豊秋津根別《あまつみそらとよあきつねわけ》てふ大倭豊秋津島《おほやまととよあきつしま》を　産んだ

これら　最初に生まれた八つの島々を合わせて　大八島国　と名付けた

そして大妣イザナミは
この大八島という大きな八つの島々のまわりに
さらにまたたくさんの小さな島々を産んだのだった

そして　石の神　風の神　海の神　木の神　山の神　野の神　など
ありとあらゆる　山川草木　海　山　風　土の
天地の間にある神々を産み
最後に　火之迦具土神《ひのかぐつちのかみ》を　産んだ

そのため　みほとが焼かれ　病み衰えて　黄泉の国に神去った

大妣イザナミは最初にヒルコ　最後にカグツチを産み

その病み衰えたからだから　鉱物や土や水の神々をこの世にもたらして
黄泉の国に去っていったのだった
いのちの大妣イザナミは　産みに産んだそのはてに　死に至ったのだ
すべてはここから始まった

悲

水に始まり火に終わる大妣イザナミのはたらきのおおいさに涙する

大妣の悲
それは　夫イザナミの無理解と非道な仕打ち
見ないでと頼んだ　わがからだを見られてしまった

その辱と　穢れたものを見るかのような夫のまなざし

いのちの行く末をおおらかに見とどけることができたなら
死もまた穢れなどではなく
いのちの変容のかたちなのだと
やさしく受け止めるまなざしが生まれていたら
吾が悲しみと痛みはこれほどのものではなかった

大妣はそう感じていたはずだ
そのことに　父イザナギは気づかなかった

彼は　わが身が穢れに触れたと思い
筑紫の日向の橘の小戸の阿波岐原で
禊祓をしたのだった

そして　その禊祓の最後の最後に生れたのが
吾だった

父イザナギは　最後に左目を洗って　姉アマテラスを
右目を洗って　兄ツクヨミを
そして　最後に鼻を洗って　吾　スサノヲ
を生み成したのだった

父イザナギは
この禊祓から生まれた子神たちの最後の三柱を
とくに　三貴子《みはしらのうづのみこ》と名付けて　尊んだ

だが　それゆえに
だが　そのために
吾は　父を許せなかった

母の思いと愛を踏み躙って　独り善がりな清らかさの中に浸りきっていた父を

父よ
あなたは　あさはかだ
父よ
あなたは　ひとりよがりだ
いつも　そうだった
おとこたちの　手前勝手はもうたくさんだ

俺は泣くしかなかった
ただただ　泣き喚くしかなかった
啼きいさちるしかなかったのだ

おかあさ〜ん
おかあさ〜ん

おかあさ〜ん　と

母の痛みと悲しみを感じれば感じるほど
それに気づかぬ父の無神経に腹が立った
何なんだ　その自分勝手は
そして　その自分勝手を俺たちに押しつける

姉　アマテラスには　高天原
兄　ツクヨミには　夜の食国
吾　スサノヲには　海原を知らせ
　だと？

大妣の悲しみにも気づかずに
おもいをかけずに
いたわりとやさしさをそそがずに

あなたの愛は独善的である　いつも
あなたの愛は独行的である　つねに

妣は　耐えた
妣は　忍んだ
そして
妣は　恨んだ

そんなうらみを　あなたは世界にもたらしたのだ
その責を取ってもらう

吾は啼きながら　そのことを言い募っていたのだ
責め立てていたのだ

だが　あなたは　いっかな　そのことに気づきもしなかった
そして　吾を追放した
根の堅州国　妣の国に行ってしまえ！　と

もちろん　吾は　根の堅州国　妣の国に行こうとした
だが　その前に　姉にだけはわかってもらいたいと　別れを告げに行ったのだった
それが　次なる出来事を生んだのだった

姉は吾を疑った
自分の国を奪いにきたのではないかと
まるで　何もわかっていなかったのだ　姉は
父と同じで
吾をただのわがままで粗暴なやつとしか見ていなかったのだ

父に見捨てられた母が深く傷ついたように
姉に見限られた吾も深く傷ついた

けれども　そのことは　表沙汰にはしないで
身の潔白を証明するために　宇気比《うけひ》をおこなった

姉は　吾が物実《ものざね》の十拳剣《とつかのつるぎ》を取って
天の真名井の水で洗い　口中に入れ
さがみに噛んで　息とともに吐き出し
三柱の女神を生み成した
多紀理毘賣《たきりびめの》命　またの名　奥津島比売《おくつしまひめの》命
市寸島比売《いちきしまひめの》命　またの名　狭依毘売《さよりびめの》命
多岐都比賣《たきつひめの》命

吾は　姉の物実の八尺《やさかに》の勾瓊《まがたま》の御統《みすまる》の珠《たま》を受け取って
天の真名井の水で洗い　口中に入れて
さがみに噛んで　わが息とともに吐き出し
五柱の男神を生み成した
正勝吾勝勝速日天之忍穂耳神《まさかつあかつかちはやひあめのおしほみみの》神
天之菩卑能《あめのほひの》神
天津日子根《あまつひこねの》命
活津日子根《いくつひこねの》命
熊野久須毘《くまのくすびの》神

こうして　ウケヒによって　吾は心の清らかさを　あかしした

怒

だが　おれの怒りは収まらなかった
アマテラスよ　なぜ　おれを疑うのだ
イザナギよ　なぜ　母の悲しみを分からぬのか
おれはおまえの　三貴子の一人などではない

おれは　母の子だ
おれは　俺だ
おまえの子ではない

おれの怒りは怒濤となり噴火となり爆発散乱した
すべてのものを破壊する

すべての神を破砕する
すべてのいのちを破爆する

おさまらぬ
おれの　こころは　おさまらぬ
おれの　からだも　おさまらぬ

なぜだ　なぜだ　なぜだ
なぜ　なにも　わからんのか

おれは　暴れに暴れた
田んぼを破壊した
畑を毀した
畔も　土手も　何もかも

反吐を吐いた
大嘗殿に糞をした
忌服殿に血だらけの馬を投げ込んだ
天《あめ》の班駒《ふちこま》を逆《さか》剥ぎに剥いで
皆殺しにしたかった
破砕し尽くしたかった
誰もかも
何もかも
どこもかしこも

アマテラスは　おれを怖れた
そして　逃げた
逃げ隠れた
天の岩戸に

おれは　それをも破壊し尽くしたかったが
天上の神々は　おれを閉じ込めた

そして　神集いして　祭りをおこなった
アメノフトダマは神籬を捧げ
アメノコヤネは祝詞を奏上し
アメノウズメは手に笹葉を持って踊りに踊り神楽を奏して神憑りした

胸乳が露わになった
ホトが露わになった
それを見て　神々が笑った
花が咲き誇るように笑った

そのとき　ひかりがさした
光が戻った

光が甦った
アマテラスが顔を出した

あはれ　あなおもしろ　あなたのし　あなさやけ　おけ！

天晴れて　光が射して　面に当たって　白光りして
おのずと手が伸びて　みなともにゆれにえゆれ　おどりにおどり　なびきになびいて
おけ　となる
おけ　おけ　おけ　となる

世界に光が戻り
いのちが息を吹き返した

いのちは甦ったが
俺は追放された

髪の毛を切られ
髭を切られ
手足の爪を剥がされ

あらゆる罪穢れを背負わされて
身も心も魂も剥き出しにされて
追放された

地の果て
この世の涯
涯の果てまで

流

だからおれは　ながれ　流れて　流浪する
漂流する

かつて　海原を治めよ　と命じられたおれが
七つの海を　流され　漂流し
地の涯　この世の果てまで　経巡った

どこにも　おれの居場所はない
休む場所はない
憩いの地はない

どこからも　拒絶されて
宿無しの　独り旅
還るところのない　漂泊
流浪

ただ　荒れ果てて　すさみきって　ながれゆくまま
そして　その流れゆくままに　行き当たったのが
出雲の地だった

いづも
いつも
いづるも

いつ　思い出しても　愛惜の思いに揺れる

出雲の斐河に至った時　上流から箸が流れてきた
そこに　誰かが住んでいる

おれは　駆け上った　上流に

ほどなくして　粗末な小屋を見かけた
泣き声が漏れていた

どうしたのだ　おまえたち
何を泣いているのだ

毎年この時期になるとやってくる　ヤマタノオロチが
最後に残った八番目のこの娘を食い殺しにやってくるのです
それが　つらくて　泣いているのです。

泣いているのは　三人
あしなづち　てなづち　くしいなだひめ

じつは　おれは　これまで　そのヤマタノオロチとやらと同じであった
食い殺し　斬り殺し　叩き殺し　ありとあらゆるものを　破壊尽してきた
それが　おれだった

だが　そのおれが　おれのかつてのおのれのようなヤマタノオロチを退治して見せよう
そやつは　おれにしか倒せぬからな
ヤマタノオロチを殺すことができるのは　ヤツの分身でもあったおれだけだ

おれは策略を施した
八頭八尾の八岐大蛇に　八つの甕に　なみなみと酒をそそぎ
酒精をプーンと匂わせて　ヤツをおびき寄せ

ぐでんぐでんに　酔っぱらわせて　のびてしまったところを　叩き切る
おれの策略は奏功した
まんまとおれの仕掛けた罠にはまった

かわいそうだが　姫たちを救わねばならぬ
そのためには　アヤツを殺さねばならぬ
両立は　無い

殺すか　殺されるか
喰うか　喰われるか
どちらかしか　ない

さいわい　おれは　生き残った
いのちながらえた

人救いを果たして

クシナダのヒメよ　美しいクシナダヒメよ
おれとともに　生きてくれ
おれとともに　生きてゆこう
この　ヤマタノオロチを倒した　八雲立つ　出雲の地で

こうしておれは　勝鬨を上げ
心の底から晴れ晴れとした思いに満たされ
思いのたけを歌にした

歌

八雲立つ　出雲八重垣　妻籠みに

八重垣作る　その八重垣を

たくさんの雲が立ち上ってくる
その八雲立つ出雲の地で
愛するおまえとともに住む愛の御殿を造り
その愛の住処で　常永遠に　愛するおまえと過ごしていこうぞ

おれは　吾が心清々しと大声を挙げて　歌をうたった
おれの歌は　八雲の歌　出雲の歌　八重垣の歌だ
そしてそれは　八岐大蛇の鎮魂歌であり　母の鎮魂の歌である

母の痛みと悲しみを背負い切れずに　暴れに暴れ
壊しに壊し
わめきにわめいてきたおれが
初めて　正調の調べを持った晴れの歌をうたったのだ

八雲立つ　出雲八重垣　妻籠みに
　八重垣作る　その八重垣を

やー　やー　やー　やー

それは　いやさか　のうたである
やさか　のうたである
やーさか　のうたである

うたでしか　おれの心の晴れ間を言い表せぬ
心の晴れ真
心が晴れた
心は晴れた
ようやっと

妣よ
大妣よ

こうして　吾は　いましみことのかなしみをほぐし
母の痛みと恨みを　解き放った

この天上にまで千木高知りて聳え立つ愛の御殿の歌で
母の恨みを　歌で溶かした

すべては妣の死から始まった

そして　最後に　歌が残った
死が　詩となった
死が　歌によって　史となった

おれの語りは　歌となる
それこそが　海原を治める　おれの道

海原は　歌原である

くらげなす漂へる大八島の国
葦原の中つ国
豊葦原の瑞穂の国よ

大国主

なぜこれほどの重荷を背負わなければならないのか？

なぜこれほどの重荷を背負わねばならないのか？

おほくにぬし
おほなむぢ
あしはらしこを
やちほこ
うつしくにたま
あめのしたつくらししおほかみ

いくつもの名前をもつ

あなたは
名前が多ければ多いほど
重荷も多い
重荷が重い

名前は大地の重力である。

なぜこれほどの重荷を背負わねばならないのか?

つねにあなたはその問いを発したはずだ

兄神たちの荷物を担ぐ神
いやなところをすべて押しつけられる神
ゴミ拾いの
罪滅ぼしの

吸い取り紙の神

すべてがあなたの中に取り込まれて　終わる

そう
あなたこそ　「御陀仏させる神」　である
自分は成仏せずとも　他者を成仏させる
他者の罪を引き受ける

贖罪
イエス・キリストは贖罪の神として甦った
イエスはしかし　一度きり殺されただけだったが
あなたは兄神たちに二度も殺された
冥界の神となったオシリスの神も一度殺されただけだった

オシリスは弟ヌトに殺されたが
妹イシスの力で甦った

殺された神々の中でも
もっとも手ひどく
殺害された神
それも　二度も
兄神たちの怒りと嫉妬をかって

なにゆえに僕は殺されるのだ？
どうして兄たちは僕を殺すのか？

あなたは問い続けたはずだ
その理不尽な殺害の意味と理由を

世界は時に理不尽である
人はしばしば理不尽である
自然はたびたび理不尽になる
そして神々も折に触れて理不尽になる

世界はにぎみたま（和魂）に包まれている　とは言えぬ
世界はあらみたま（荒魂）を発動する

そのあたみたまの発動が理不尽に見えるが
しかしそれは真に理不尽なものではない

あるべくしてある
なるべくしてなる
おこるべくして　おこる

だから
とどめることはできない
止めることはできない
発動するほかない
現象するほかない

この世のあらみたまを吸い取る神
それがあなたの宿命だった

あなたは先祖の神　いや真の父神　スサノヲの直系である
そして父神スサノヲのあらみたまをすべて受け継ぎながら
一度もそのあらみたまを発動することなく
その反対に　あらみたま（荒魂）をすべてほどき　とかして
にぎみたま（和魂）に
さちみたま（幸魂）に

くしみたま（奇魂）に
　変容させた

そんなあなたのメタモルフォーゼ力を　人びとは
「縁結びの神」として崇拝する

しかし
「縁結び」とは　別名「縁切り」であり　また「縁直し」である。
簡単にほどくことも　むすぶこともできない　そのようにしか発動しないえにし
そのえにしを
むすぶ　とか
ほどく　とか
なおす　とか
分不相応の所業を担わされる

不可能だよ、そんなこと！
できるわけないよ！
もう、いやだよ！

碇シンジ君なら　そう言うだろう
「怒り瞋持」クンだから
いかりと貪瞋痴の三毒に取り込まれた痛みと苦しみの君だから

その碇シンジ君の苦しみを　あなたならよくわかることでしょう
母を亡くした悲しみと　父に捨てられた悲しみ
父神スサノヲも　まったく同じ道を辿ったから

でも　あなたはちがった
あなたは　母に救われた

あなたのいのちを救ったのは　母だった

兄神たちによって
真っ赤に焼けた大石を受け止めさせられて殺された
そのあなたのからだのかけらを拾い集めて
泣きながら　焼き爛れたからだの一片一片を　貝の中に容れて
乳汁で溶かし　ほどき　つないで　よみがえらせたのは
あなたの母と　あなたの母に共感共苦するすべてのおんなたち
おやがみ（祖神）たち　であった

あなたは
兄たちの怒りと粗暴で殺されたが
母たちの祈りと処方で甦ったのだった
それも二回も

イエスの殺害と甦りは　一回こっきり
オシリスの殺害と甦りも　一度
だが　あなたの殺害と甦りは　二度に加えて
あやうく　三度目の殺害や試練にさらされた

兄神たちに二回も殺されたあなたは　どのような思いの中にあったのでしょうか?
あなたの中に　恨みや復讐の思いは生じなかったのでしょうか?
なぜあなたは　怒りに対して怒りではなく
殺害に対して殺害ではなく
怒りと殺し合いの連鎖をまぬかれることができたのでしょうか?

教えてください　おほくにぬしよ
大国主の神
　わたしはあなたに教えを請いたい
どうすれば殺し合いの連鎖から抜け出ることができるのかを

どうすれば暴力を押しとどめ　平安に導くことができるかを
大国主の大神よ！

たすけ

おほくにぬし
大国主の神

たしかに
あなたの名前は雄大であるが
しかし
あなたほど弱い神はいなかった
あなたは　最強の神スサノヲの子孫の中で　最弱の神だった

だが　そんな最弱の神であるあなたが　スサノヲの霊統を受け継いだ
スサノヲの衣鉢を継いだ

スサノヲの霊統とは
傷む神であること
傷み　痛み　悼む神であること
　そのいたみとかなしみがうたとなる

歌う神
あなたに宿命づけられた霊性とは
そんな歌う神の霊統であった

父祖スサノヲの場合
その歌の始まりは喪失にあった
喪失による嘆きにあった

妣の喪失による嘆き

そして
子孫あるいは子のおほくにぬし
あなたの場合
歌の始まりは愛にあった
愛こそが縁の始まりだった

あなたはワニたちに傷つけられ
さらに兄神たちに傷つけられ　痛めつけられた
因幡の白兎を救った

おまえのからだをまみずであらい
かばのこなをつけて
そよとやさしくなびくかぜのもとですごしなさい

あなたの処方は見事な癒しと　救いの作法であった
だから　あなたは癒しの神　医療神として　篤く信仰された

あなたのなかからあふれでる
痛む者　傷つき苦しむ者に対する共感共苦は　生まれながらのものだった
あなたは兄神たちから手ひどく虐められる神であったが
けっして　虐める神にはならなかった

それどころか
虐められている因幡の白兎に深い同情を寄せて
白兎を救う神となった

あなたこそ　日本の愛の神

聖愛の発露する神である

その愛の神から溢れ出る思いのひと歌が　恋歌となり
因幡の八上比売の心を射止めたのだ
そして　一番後から来て　一番先に八上比売の心をとらえたあなたに
猛烈に嫉妬したのが　兄神たちだった
兄神たちは　虐め蔑んできたあなたの愛と歌の力に及びもつかないことを
反省するどころか
怒り　憎み　激しく嫉妬して
あなたを残虐無惨に殺した

一度は　焼けた巨石を猪だと偽り　山の下にいてそれを受け止めろ　と言って
そうしなかったら「おまえを殺すぞ！」と脅して
けれども　疑いを知らないあなたは
それを真に受け

真っ赤に焼けた巨石を抱き止めて　死んだ
二度目は　木の股に騙し入れて　圧死させられた
それを　またもや母神と祖神たちが生き返らせたのだった
二度も
　二回も

「弟殺し」
いかに神々であろうとも　それは大きな罪にちがいない

だが　大国主の神よ
あなたはその殺害からよみがえったのだ
そのよみがえりのとき　あなたは何を感じていたか？
何を思っていたか？

何を考えていたか？
それほどの仕打ちを受けて

世界中であなたほど　深い痛みを経験した神はいない
兄たちに　二度も殺されたのだから

考えてみれば
あなたの軌跡は　虐げられつづける道のりだった
よくぞ　その虐げに耐えたものだ
ほんとうに　ほんとうに　奇跡のような事態だった

あなたの軌跡は奇跡
まさしく神秘以外の何物でもない

何がそうさせたのか？

何がそこまでいかせたのか？
あなたを支える原動力は何なのか？
　教えてください
教えてほしいとこころからねがいます
たたかいをおさめるために
　戦争を無くするために

振り返って考えてみると
あなたほど　神々の援けを得た神はいないことがわかる
それも女性の神々の援けを受けつづけた
あなたはまさに母の力や妹の力で活かされ　甦ったのだった

血のつながった妹ではないが
スサノヲの娘のスセリビメもあなたを助けた

スセリビメが父スサノヲに　「いと麗しき神きましつ」　と言うと
スサノヲは　「こは葦原色許男《あしはらしこを》と謂ふぞ」　と貶めた応えをかえした
「麗しき神」　と　葦原の国に住む　「しこを（醜男）」　とは　真逆の呼称である

しかしそこには　父祖スサノヲのおおいなるはからいがあった
「もしおまえが　我が授ける四つの試練を見事果たし終えたならば
おまえをこの国の主として認めようぞ。」
　という

第一の試練は　うようよと毒蛇の這い廻る部屋に閉じ込めて一晩を過ごさせるという
試練
その試練を　あなたはスセリビメからもらった「蛇《へみ》の領巾《ひれ》」を用いてふりはらって鎮
めた
第二の試練は　ムカデとハチの部屋に閉じ込めて一晩を過ごさせるという試練

その試練を　あなたはスセリビメからもらった「呉公蜂《むかではち》の領巾《ひれ》」を用いて鎮めた

第三の試練は　鳴り鏑の矢を野に射込み　それを採って来させるという試練
けれども　その試練には　スセリビメの援けを得ることはできなかった

スサノヲは　野原に鳴り鏑の矢をひょうと放ち　取りに行かせると
すぐさま　その野に火を放った

みるみるうちに　火に取り巻かれて
あなたは　絶体絶命の大ピンチに陥った
スセリビメも　思いがけない父の仕打ちに息を呑み　なすすべがなかった

だが　その危難を救ったのはネズミたちだった
白兎を助けたあなたは　鼠に救われたのだ
鼠たちは教えた「内はほらほら、外《と》はすぶすぶ」

その諭しによって　あなたは穴を掘って隠れ
危難を免れ　見事　鳴り鏑の矢を持って帰ることができたのだった

スセリビメは　あなたが死んだと思って　泣きながら葬式の道具を用意していた
そんなところに　あなたがひょっこりと戻ってきた
すでに妻となっていたスセリビメの喜びは言葉に言い表わすことのできないものだった

最後の第四の試練は　スサノヲの頭の虱を取らせるという試練
が　スサノヲの頭には虱ではなく　毒をもったムカデがいっぱいいた

このとき　スセリビメの知恵で　椋の木の実と赤土を使って
木の実を齧って赤土を含み混ぜて唾とともに吐き出すと
いともたやすくスサノヲに頭のムカデを食い破って吐き出していると思わせることが
　できたのだった

気持ちよくなったスサノヲは　ぐうぐうと寝入ってしまった
そこでその隙に　あなたはスサノヲの髪の毛を垂木に括り付け
バリケードのように巨岩でその部屋を塞いで簡単に外に出られないようにし
スセリビメを背負って
スサノヲの持つ三つの神宝の
生大刀《いくたち》　生弓矢《いくゆみや》　天詔琴《あめののりごと》を持って
一目散に逃走した

けれども　持っていた天詔琴が樹に触れた
すると　大地を震動させるほどの大きな音が響き渡り
スサノヲが目覚めて追いかけてきた

だが　あなたはすでに　遠く逃げ去っていた
スセリビメとともに

スサノヲは　黄泉つ平坂のところまで追いかけて　言い放った
「汝が持てる生大刀・生弓矢をもちて、汝が庶兄弟《ままあにおと》をば、坂の御尾《みを》に追ひ伏せ、また河の瀬に追ひ撥ひて、おれ大国主神となり、また宇都志国玉神となりて、その我がむすめ須世理毘売を嫡妻《むかひめ》として、宇迦《うか》の山の山本に、底つ岩根に宮柱ふとしり、高天原に氷椽《ひぎ》たかしりて居れ。この奴。」

こうしてあなたは晴れて
おほなむぢ　でもなく
あしはらしこを　でもなく
やちほこ　でもなく
おほくにぬし（大国主）　となり
うつしくにたま（宇都志国玉）の神　と名乗って
自分を二度も殺害した兄神たちをこらしめて
この葦原の中つ国を治める主の神となったのである

この国最弱の神が
母神や祖神や妻神や義父神や
そして動物たちの救けを得て
この国最高のぬしの神と成ったのだ

しかし　その後もあなたは他の神の援けを必要とした
親指ほどの大きさの少名毘古那神の力を

そして　オホクニヌシはスクナビコナとともに国作りに励み
その天が下はよく治まったのだった

あなたは　周りの力を引き出す神
まさにそれこそ縁結び　縁活かし　縁直しのわざである

自力では何事もなしえることができないが

他力を借りて大いなることを成し遂げた
その奇跡のような軌跡
あなた以外に　そのような　他力を活かすことのできた神は他にはいない

国譲り

しかし　あなたのもたらしたその平和な統治に考えられない異変が起こった
それが「国譲り」という事態であった

いったい　このようなことが　どうすれば起こり得るのか？
どう考えても　この事態はあまりに理不尽である

精魂込めて　汗水垂らして作り上げた

この国を　自分たちの国土を譲るのだから
そのようなことを　誰が　どのようにして　実現できたのか？
不可能を可能にした
あり得ないことがあり得た

ふることぶみは　そのようなものがたりを伝承している
が　そこに　隠されたさまざまな声とメッセージが聴こえてくる

国譲りなんて、そんな簡単なものじゃないぞ。
血の苦しみと痛みを伴うものだぞ。
生半可な決断で国譲りをしたと思うな。
むしろ、戦うことが簡単じゃった。
戦うことで決着をつけることが世の掟であり、納得の方途であったから。

しかしながら　そのような仕方ではなく
まさに掟破りの
超法規的なウルトラC
それが「国譲り」という想定外の外交戦略
くわえて　冥府の王　幽冥界の主神となるという　スピリチュアル戦略

これはいったい　いかなる事態ぞ
いかなる方策ぞ
いかなる統治法ぞ

そは　統治を放棄した統治
力の統治を超えた　みたまの統治
スピリチュアルガバナンス
霊的統治法

そんな倒置法を
至高の逆説を
どんでん返しを
ひっくり返しを
実行したのだった

これはしかし　戦わずして勝つ　という至高の戦略であったのか？
それとも　単なる負けであり　敗北であり　敗退だったのか？

歴史認識と歴史評価は分かれるところだろう
そんなものがたりは　ありえない　絵空事の　美辞外交のフェイクニュースにすぎない
表に現われていないが　隠された恨み　憎しみ　流された血がある　それを隠蔽して
いる

国を失うこと

国土を失うこと
国土を追われて異邦の地に赴くこと
それがどれほどの痛みを伴うか
ディアスポラ（離散者）の痛みと悲しみと苦難は　経験した者にしかわからない

大国主は　そんな　ディアスポラの神となった
国作りの神が　国を追われる神となったのだ
それがどうして簡単なことだろうか？
容易いことだろうか？

それはほとんど不可能な事態である
あり得ない事態である
あってはならないと思えるほどの事態である

しかし　それがあった

それが　起こった
それを　起こしたのだ　大国主という神は！

非常事態である
異常事態である
緊急事態である

神の痛みとは何か？
神の恵みが行き届かないことである
その恵みや慈愛が通じないことである
反逆を受けることである
裏切られることである

神は自らを裏切るものを愛することができるのか？
イエスは「汝の敵を愛せよ」「敵のために祈れ」と福音した

だがそれは　どのようにして可能なのか？
そのような愛と祈りは　ほとんど人間わざを超える
非人の道であり　超人の道である
それを神人の道であると言うなら　そうであろう
少なくともそれは　凡人にはできぬ
凡夫には到底務まらぬ
不可能な業である

だが　神はその不可能な道を示す
神のコンパスは測り知れない
予測不能
摂理を超えた摂理
逆説につぐ逆説
「善人なほもちて往生をとぐ　いはんや悪人をや」とかと

天照大御神の命を受けて　高天原から下りてきた建御雷之男神は　大国主神に向かって

「天照大御神、高木神の命もちて、問ひに使はせり。汝がうしはける葦原中国は、我が御子の知らす国ぞと言依さしたまひき。故、汝が心はいかに。」

と告げたのだった

十一年もの間

これらの神々はみな天照大御神の命に背いて大国主神に従ったのだった

高天原からの使者としてすでに天菩比神《あめのほひの》と天若日子《あめのわかひこ》が遣わされていたが

ということは　それだけ大国主神に力と魅力があったからだろう

業を煮やした天照大御神は第三の使者を送った

それが　タケミカヅチ　だった

そのタケミカヅチの言問いに

大国主は答えた
「僕は得白さじ。我が子、八重言代主神《やえことしろぬしの》、これ白すべし。」

そんな国の大事を我が子に応えさせる親がいるのか？

責任放棄ではないか？

無責任体質として非難されてもやむを得まい

そして　八重言代主神は言った
「恐し。この国は、天つ神の御子に立奉らむ。」と

これまたあり得ない応えである
唯々諾々とそんなことが言えるか？

じっさい　言代主神の弟の建御名方神《たけみなかたの》がそうだった

そんなこと言えるものか！
　俺たちの国を奪いに来た奴らの言葉などに従えるものか！

タケミナカタは言い放った。
「誰ぞ我が国に来て、忍び忍びにかく物言ふ。然らば力競べせむ。」

当然であろう
そう言うべきである
言わねばならぬ
葦原の中つ国の矜持にかけても

しかし　そう言えば　戦いになる
戦争になる
殺戮となる
戦いの火ぶたが切って落とされる

そこで神々は「力競べ」した
タケミカヅチとタケミナカタは　手を取り合い
相撲のような　柔道のような　力競べを行なった

だがそこで　タケミカヅチは　タケミナカタを打ち負かした
恐ろしいほどの怪力で　タケミナカタを「搤《つか》み批《ひし》ぎて投げ離」った

タケミナカタは逃げた
逃げて逃げて　逃げて　逃げた
そして　諏訪の地まで逃げ落ちて　言った
「恐し。我をな殺したまひそ。この地を除きては、他処に行かじ。また我が父、大国主神の命に違はじ。八重事代主神の言に違はじ。この葦原中国は、天つ神の御子の命の随に献らむ。」

ああ、恐ろしい。俺を殺さないで。
俺はぜったいこの土地から外には出ないと約束するよ。
父大国主神の言葉にも、兄の八重事代主神の言葉にも背かないと。
この国、この俺たちの葦原の中つ国を、天つ神の御子の仰せに従って献上すること
を約束すると。

出雲　敗れたり！
破れたり　出雲

「八雲立つ出雲八重垣妻籠めに　八重垣作るその八重垣を」
と　父祖スサノヲが喜び祝い歌った　この八雲の地　出雲の地を
　手放すほかなくなったのだ

戦いに敗れた
敗れた神も　敗れた民も　その地を追われる

そのような　不条理とも言える力の行使が　繰り返される
歴史はめぐる
巡りに　巡る
そして今　巡りの矛先は喉元に突き刺さっている

剣は抜かれた
太刀は打ち下ろされた
矢は放たれた

大国主神は答えをゆだねた
二柱の我が子の神々に

我が子らは　異なる答えを出した
だが「力競べ」に敗れて　国土献上を認めた

これは「侵略」ではなく「国譲り」という「和睦」と言えるのか?
だが　ふることの言い伝えは　神意を隠して表現される
大国主の心はわからない
分からないが　大国主神はこう言い添えた。
「僕が子等、二柱の神の白す随に、僕は違はじ。この葦原中国は、命の随に既に献らむ。ただ僕が住所をば、天つ神の御子の天津日継《あまつひつぎ》知らしめす、とだる天の御巣《みす》如して、底つ石根に宮柱ふとしり、高天原に氷木たかしりて治めたまはば、僕は百足らず八十坰手《やそくまで》に隠りて侍なむ。」
大国主神が住まう出雲大社の巨大な柱は　それゆえに　天に届くほど高くなければならぬ。
高く高く　いや高く
大国主神が「八十坰手に隠りて侍」るための約束事ゆえ

絶対条件ゆえ

国譲りと　出雲大社と　出雲祭祀と

絶体絶命の大国主神が採った生存戦略はどうなっているか？

こうして　出雲は
神々の国として　神話のふるさととして
特別に手厚く保持されてきた
出雲の神々も　その祀り手も
出雲大神として　出雲国造として
称えられ　尊崇されてきた

そうである
そうではあるが

ほんとうに　これが恨みを残さない道　であったのか？
しこりをとどめない方略　であったのか？
タケミナカタの抵抗のうらみも　つらみも　わだかまりも
きれいさっぱり消え去ったのか？
怨霊や御霊を強く畏れてきたこの国の長い歴史の中で

神々の物語を紐解くことはあっても
その神意や真意を探ることはあっても
その物語を裁くことはできぬ
裁くための規準も指針も持たぬ

だが　考える
考えさせられる
神々の世界のことと　人々の世界のことを
昔起こったことと　今起こっていることを

神代のものがたりと　現し代の出来事を

あらゆる物事　事象に　メッセージは宿っているから
それを読み解き　生き抜いていかねばならぬから

いたみをしるかみ
最大の痛みを受けし神
最弱こそが最強に転化した
反対の一致の逆説神
おほくにぬし
大国主の大神よ！

その御名に込められし　痛みと　祈り
その奇跡が伝える　奥深き諭しと　導き
神伝えの物語が指し示す　この今のみちすじ

そして　あなたが伝えし　歌の数かず
父祖スサノヲ以来　歌の国となった出雲の地にあって
国を作り　歌を歌い　愛を交わし　平和と繁栄をもたらした
国作りの神

その国作りの最大の功績者であるあなたが　なにゆえに国譲りをされたのか？
神代のむかしから　現し世の今も問いつづける
神の痛みの　神伝えの意味と意図を
その諭しとメッセージを

　八雲立つ　出雲八重垣　妻籠みに　八重垣作る　その八重垣を

八千矛の　神の命は　八島国　妻枕きかねて　遠遠し

出雲見参！
大国主顕現！
幽り世の大神！
顕幽をつなぐ大神よ！
顕現せよ！

そして
さちあれ！
さちあらしめよ！
大神！
ぬしがみよ！

流浪譚　ヤマトタケルの悲しみ

流

生れた時からみなぎるものがあった
抑えきらないちからがあった
それゆえ人に称えられもした
「やまとおのこ」
倭一の男の子だと

吾もそれを当然の如く見なした
吾は「倭一の男の子」であると

だが、それゆえ、父にも兄弟にも畏れられた
遠ざけられた
退けられた
嫌われた

そう思い込んだ

得体の知れぬちからゆえ
ちはやぶる神のいさおしを享けしがゆえ

幼き頃より遠くへ行きたかった
幼き頃より遠吠えのように雄叫びを上げた
どことも知れぬあこがれゆえ
何とも知れぬなつかしさゆえ

倭の山並みはうるわしい
倭の山やまは青あおしい
倭の人びとは合合いしい

月は澄明に輝き渡り
朝日は三輪山に輝き上がり
夕日は二上山に茜射して沈む

たとえようのないそのうるわしさ
うつくしさ
まさに　まほらば　のような
倭は国の　まほろば

そんな思いが　いつしか湧いて　口ずさむようになった

倭は　国のまほらば　と

けれども　父は吾を恐れ　遠ざけた
遠いところへ往け　と
朕の目に見えぬところへ行け　と

そして
倭から離れ
遠き異族の地へと
誰一人知るの者のいない異郷のちへと
流浪の旅が始まった

浪

海を越え
山を越えて
異郷の地にやってきた
どこまで往けば果てがあるのか

筑紫の島の南の涯の熊襲の地
そこには猛々しい勇者が住むと恐れられている
熊襲の地

そこに　いた
クマソのタケルが

その名を持つ者が鉄壁の守りをもって支配する
異族の地
異族の風俗
異族の食べ物

その地に　吾は潜入した

おう　歌え！
おう　踊れ！
おう　叫べ！
おう　狂え！

飲めや歌えの大饗宴
老いも若きも大乱舞

おとこおみなも大歌垣
歌い尽して大団円
その国ぶりの風流に酔い痴れる

だが吾は　独り　女人に身をやつし
敵陣深く　忍び入り
ふところ奥に　刃を秘めて
そろりそろりと　クマソタケルに近づけり

おう　おみな
おう　そこの　姫子よ
いっぷうかわったいでたちの
いっぷうかわったかおだちの
いっぷうかわったあですがた

おう　おみな
おう　うるわしの　姫御前
近う　近う　近う寄れ
わしの吐息の　届くところまで
近う　近う　近う寄れ

酒臭い　肉臭い　息を吐き散らしながら
クマソタケルは　大音声で言った

吾は　まなざしを隠し
かぼそげに　ゆらゆらと　ゆれながら
足元　おぼろげに　たどたどしくもつらせながら
近づいた　クマソのタケルに

おう　おみな

おう　姫ごぜよ
うるわしの　姫ごよ
ういやつじゃ　ういやつじゃ
もっと寄れ　もっと　もっとじゃ
ほれ　ここに　近う寄れ

吾は一気にクマソタケルの懐に近づき
グウーッ　と力を込めて　尻から喉まで
隠し持った剣を　貫いた

ぐふぁっー！

奇妙な　気の抜けたような声を出して
クマソタケルが眸を見開いた

そして
おおお〜っ　と　倒れた

おまえは！

声がつづかなかった

吾は言い放った

吾は　倭の皇子
やまとおぐな　である　と
王化になびかぬおまえを討ちに来た　と

ぬかったわ　わしとしたことが

おう　倭の王子よ
このクマソのタケルと畏れられた吾を
恐れもせずに近づき
この一刺しで　とどめを刺したわい

おう　倭の王子よ
倭の勇者よ
おまえに　わしの名をくれてやる
おまえは　これから　ヤマトのタケルと名乗るのだ
ヤマトタケル　それが　これからのおまえの名だ

タケルを名乗る　おまえは　ただ一人の　ヤマトの勇者だ

クマソタケルは　吾に名を与えて死んだ

吾はだが　これからも生きていかねばならぬ
この敵将から付けられた名を背負って
波のように流浪せねばならぬ
吾は　流浪する名を身に背負ったのだ

譚

ゆくりなくも時は過ぎて
道を過ぎて
伊勢も尾張も吾妻も過ぎて
めぐり巡って
時は流れ

血も流れ
地を流れ流離った

吾が行く先は不明
吾が行く当は未定
吾が行く末は不定

どこにも確かなものはない
父よ　なぜ吾を見捨てたのか？
父よ　なぜそれほど吾を遠ざけるのか？
父よ　なぜそれほど吾を忌み嫌うのか？

ただ　父に認められたかった
ただ一人のやまとおのこととして
ただ独りのヤマトタケルとして

ヤマトの勇者として

だが　父は吾を追い遣った
クマソタケルを成敗し
イズモタケルも打ち滅ぼし
ヤマトに敵対する西の諸国のすべての敵を倒した吾に
一刻の休みも与えることなくすぐさま　東のまつろわぬ敵を討てと命じた

どのような思いでその父の言葉を聞いたか？

父よ　その無慈悲な言葉の数々で　吾がどれほど傷つき　嘆き　呻いたか
知っているのか？
気づいているのか？

ヤマトの大王は　冷酷無比である

料金受取人払郵便

神田局
承認

7173

差出有効期間
2024年11月30日まで
（切手不要）

郵便はがき

101-8791

535

千代田区外神田
二丁目十八―六

春秋社

愛読者カード係

＊お送りいただいた個人情報は、書籍の発送および小社のマーケティングに利用させていただきます。

(フリガナ) お名前	歳	ご職業
ご住所 〒		
E-mail 小社より、新刊／重版情報、「web 春秋 はるとあき」更新のお知らせ、イベント情報などをメールマガジンにてお届けいたします。	電話	

※**新規注文書**（本を新たに注文する場合のみご記入下さい。）

ご注文方法　□**書店で受け取り**　□**直送(代金先払い)** 担当よりご連絡いたしま

書店名	地区	書名

読ありがとうございます。このカードは、小社の今後の出版企画および読者の皆様と連絡に役立てたいと思いますので、ご記入の上お送り下さい。

名〉※必ずご記入下さい

●お買い上げ書店名(　　地区　　書店　)

書に関するご感想、小社刊行物についてのご意見

※上記をホームページなどでご紹介させていただく場合があります。(諾・否)

’利用メディア	●本書を何でお知りになりましたか	●お買い求めになった動機
聞 (　　)	1. 書店で見て	1. 著者のファン
S (　　)	2. 新聞の広告で (1)朝日 (2)読売 (3)日経 (4)その他	2. テーマにひかれて
の他	3. 書評で (　　紙・誌)	3. 装丁が良い
ディア名	4. 人にすすめられて	4. 帯の文章を読んで
)	5. その他	5. その他 (　　)

容	●定価	●装丁
□ 満足　□ 不満足	□ 安い　□ 高い	□ 良い　□ 悪い

近読んで面白かった本　(著者)　(出版社)

名)

春秋社　電話 03-3255-9611　FAX 03-3253-1384　振替 00180-6-24861
E-mail : info-shunjusha@shunjusha.co.jp

ヤマトのすめろぎは　残虐にして冷徹である
父には　愛のかけらもない
思いやりの米粒さえもない

そのことを大叔母ヤマトヒメに嘆いた
大叔母は　吾を慰め　草薙剣と火打石を授けてくれた
それにより　吾は敵の火攻めを斬り抜けた

叔母は優しく
また吾のために海に身を投げた弟橘も　このうえなく　まろやかにやさしかった
吾は愛の天女の衣に包まれた

だが　その愛も　父の無慈悲の一言で　常に底が破れていた

満たされることがなかったのだ

愛の不在　愛の欠如　愛の欠損

何とでも言うがよい
吾は父なき子である
吾は愛無き子である
吾は愛飢え子である

どうしようもなく渇き
どうしようもなく叫び
どうしようもなく揺れて
どうしようもなく甃れる

吾が倒れるのは　愛無き故だ
吾が倒れるのは　恐れを知らぬ故だ
吾が死ぬのは　たままぎゆえだ

伊吹山の神を恐れたのではない
伊吹山の白猪を侮ったのでもない

吾はすでに　もぬけの殻であった
愛無きがらんどう
それが　吾の正体であった

歎きの君
呻きの君
叫びの皇子
さすらいの王子

ばかな！
吾はただのみなし子だ

家なき子だ

だからこそ　この今際の際で　吾は願う
もう一度　あの麗しき　やまとの山々を
あのうつくしき　やまとの青垣を
あのうつくしき　やまとの家々を　望み見たい

ああ　やまと
ああ　やまとよ
うるわしのやまとよ
いとしのやまとよ

おれは逝く
死ぬのだ

覚えていてくれ　このみじめなおれを
かなしみのひとり子を

わすれないでくれ　このなげきの子を
さびしさの行き着く国に　おれはやって来た

そして　叫ぶ　おお

倭は国のまほろば　たたなづく青垣　山籠れる　倭し　うるはし

補記
ヤマトタケルの歌を聴いた人びとは見た。その歌が白鳥に変化するのを。そして、西の空に飛び巡り行き、倭の地の上を三度旋回し、さらに西の方に向かって飛び往き、終には天上に達したことを。その一部始終を見届け、記憶し、語り伝えた。

国生国滅譚

イザナミの呪い

国生譚

そのむかし
むかしむかしの　またむかし
どこにも境はなく　どこにも果てもなく
何にも形はなく　何にも憂いもなかった頃のこと

ただそこに　むすひ　があった
むすひのちからとはたらき　が　あった

すーすーと
ふーふーと
たーたーと
だーだーと

あらゆるかすかな
あらゆるほのかな
あらゆるひそかな
むすひのちからと
むすひのはたらき

あなによし
あおによし
ときによし
なべてよし

ものごとはうごく
ものごとははしる
ものごとが立ち上がる

こうして
天御中主神《あめのみなかぬしのかみ》
高産巣日神《たかみむすひの》
神産巣日神《かみむすひの》
みな独り神となりまして身を隠したまひき
独神《ひとりかみ》　隠身《かくりみ》の神々　三神
だが　世界は動き始める　回り始める　進み始める

宇摩志阿斯訶備比古遅神《うましあしかるびひこぢの》　天之常立神《あめのとこたちの》　国之常立神　豊雲野神
これらの神もまた独り神で身を隠していた　すなわち眼に見えぬ隠身の神々であった

だが　ここから　動き始めた　形ある生き物の世界へと
いのちの形象　神聖示現
宇比地邇上神《うひぢにの》　妹須比智邇神《すひちにの》　角杙神《つのぐひの》　妹活杙神《いくぐひの》
意富斗能地神《おほとのぢの》　大斗乃弁神《おほとのべの》　於母陀流神《おもだるの》　妹阿夜上訶志古泥神《あやかしこねの》

徐々に形が現れてくる
そのかたちは　やがて男《を》と女《め》の両形として現われる
陰陽の組み紐のような
東と西　北と南の　両端をしかとつなぐような
橋渡しした両極の神々

こうして　吾がいとしの夫　伊邪那岐神《いざなぎの》　と

吾れ　妹伊邪那美神《いざなみの》　が　成り出た　のであった
産まれたのではなく
創造されたのでもなく
鳴り成りて　鳴り出たのであった

おう　おう　おう
おうむ　ううむ　おおむ　ううむ　と

はむ　はむ　はうむ
ほうむ　おおむ　ほうむ　と

吾らは　天つ神の命を受けて　天の沼矛を手に　天の浮橋を渡り
おのごろ島に降り立った
このうえなきうるわしい男神　女神よ
このくらげなすただよへる島を　おさめ　つくり　かため　なせ！

修理固成という　尊きみことを受けて
吾ら　ナギ　ナミ　は
互いを称え合い　近づけるところまで近づいた

そして
あなにやし　えおとこを
あなにやし　えおとめを
何と凛々しく麗しい男神よ
何てきれいな美しい女神よ
と互いを称え　祝い合って　愛の交わりをはたし
みとのまぐわいをした

男神イザナギの「成り成りて　成り余れるところ」を
女神イザナミの「成り成りて　成り合わざるところ」に刺し塞ぎて

みとのまぐわい　を　した　のである

うふむ　おほむ　うふむ　おほむ

こうして　産まれ出たのが　水蛭子　と　淡島

けれど　まだ形を成し切らず　示現に至り切らず　未生の稚熟

そこで　再度　やり直して　言葉掛けを反対の順序として

みとのまぐわい　す

こうして　産まれ出たのが　淡道之穂之狭別島《あはじのほのさわけのしま》

そして　伊予之二名島《いよのふたなのしま》

この島は　身一つにして　面四つ

伊予国すなわち愛比売《えひめ》

讃岐国すなわち飯依比古《いひよりひこ》
粟国すなわち大宜都比売《おほげつひめ》
土左国すなわち建依別《たけよりわけ》
という面四つの国　のちの四国なる
妙なる比売比古の釣り合わせ
絶妙至極なり

次に隠伎之三子島　またの名を天之忍許呂別《あめのおしころわけ》
次に筑紫島《つくしのしま》　この島もまた　身一つにして面四つ
筑紫国を白日別《しらひわけ》
豊国を豊日別《とよひわけ》
肥国を建日向日豊久士比泥別《たけひむかひとよくぢひねわけ》
熊曾国を建日別《たけひわけ》　という

次に伊伎島　またの名を天比登都柱《あめのひとつばしら》

次に津島　またの名を天之狭手依比売《あめのさでよりひめ》
次に　佐度島

そして終に　大倭豊秋津島《おほやまととよあきつしま》　すなわちまたの名を天御虚空豊秋津根別《あまつみそらとよあきつねわけ》を産んだのだ

その他にもいくつもの小島を産み成したが
これら　八島を以て　この国を　大八島の国と讃えたのである

小島とはすなわち吉備児島またの名を建日方別《たけひかたわけ》
小豆島またの名を大野手上比売《おほのてひめ》
大島またの名を大多麻上流別《おおたまるわけ》
女島またの名を天一根《あめひとつね》
知訶島またの名を天之忍男《あめのおしを》
そして最後に両児島またの名を天両屋を呼ぶ小さき島々を産み成した

吾は　かくして　国生みの神　国母なり　国の大妣なり
すべての島は　吾が胎から産み出だしものなり

このようにして　くらげなすただよへる時に
あらゆるいのちあるものが暮らしていく島々が産み成され
つづいて大事忍男神《おほことおしをの》　石土毘古神《いはつちびこの》　石巣比売神《いわすひめの》　大戸日別神《おほとひわけの》　天之吹上男神《あめのふきをの》
大屋毘古神《おほやびこの》　風木津別之忍男神《かざもつわけのおしをの》
また海神　名を大綿津見神《おほわたつみの》という
また水戸神　名を速秋津日子神《はやあきつひこの》　妹速秋津比売神《はやあきつひめの》という
頬那芸神《つらなぎの》　頬那美神《つらなみの》　天之水分神《あめのみくまりの》　国之水分神《くにのみくまりの》
天之久比奢母智神《あめのくひざもちの》　国之久比奢母智神《くにのくひざもちの》
風神　名を志那都比古神《しなつひこの》という
木神　名を久久能智神《くくのちの》という
山神　名を大山上津見神《おほやまつみの》という
野神　名を鹿屋野比売神《かやのひめの》　またの名を野椎神《のづちの》という

天之狭土《あめのさづちの》神　国之狭土《くにのさづちの》神　天之狭霧《あめのさぎりの》神　国之狭霧《くにのさぎりの》神
天之闇戸《あめのくらどの》神　国之闇戸《くにのくらどの》神　大戸惑子《おほとまとひこの》神　大戸惑女《おほとまとひめの》神
鳥之石楠船《とりのいわくすぶね》神　またの名を天鳥船《あめのとりふね》という
大宜都比売《おほげつひめの》神　を産んだ

そして　終に
火之夜芸速男《ひのやぎはやをの》神　またの名を火之炫毘古《ひのかがびこの》神　またの名を火之迦具土《ひのかぐつちの》神を産んだのだった

ずど～ん　どぼ～ん　ずど～ん　どぼ～ん
燃え盛る　燃え盛る火が　あかあかと　あかあかあかあかと
吾が女陰から迸り出る
ずど～ん　どぼ～ん　ずど～ん　どぼ～ん

嗚呼　吾が身が　吾が身が焼ける　焼け爛れて　ちりけゆく

こうして　この火の神　カグツチを産むことにより
吾がホトは爛れ　破れ　痛み　傷つき　身は病み衰えた

だが　衰弱しながらも　吾は最後の力を振り絞って
うふむ　おふむ　うふむ　おふむ
吾が反吐から　金山毘古《かなやまびこの》神と金山毘売《かなやまびめの》神　すなわち金の夫婦《めおと》神を
吾が糞から　波邇夜須毘古《はにやすびこの》神と波邇夜須毘売《はにやすびめの》神　すなわち土の夫婦神を
吾が尿《しと》から　彌都波能売《みつはのめの》神と和久産巣日《わくむすびの》神と豊宇気毘売《とようけびめの》神
すなわち　水と食べ物の神々を　成らしめたのだ

だが　とうとう　この大妣たる吾は　黄泉の国に神避《かむさ》るほかなかった

この世のいのちの母神が　あの世の死の神　黄泉つ大神に成るために
それが　いのちたるもののさだめ　であるために
それが　いのちあるもののゆくえ　であるゆえに

光の射さない闇の国　死の国　底の国　黄泉の国へと

国滅譚　スサノヲのおらび

妣よ
大妣よ
生れ来て一度も見たことのない吾が大母よ

あなたのいない悲しみ
あなたを見ることのできない痛みと思慕
あなたを想うことしかできないあこがれ
吾が見る全てが不在の妣を指さしていた

どうにもできぬ　不可逆の錨
引き揚げることのできない悲の錘
とどまることのない垂直下降の悔
無限垂線を垂らす　涙の底なし沼

そう　吾は　あなたが産み損ねた　ヒルコとカグツチの生まれ変わり　スサノヲである
いのちの祖《おや》であるあなたの最初と最後の欠損を吾は引き受けて世に出た
いまだ形を成さぬ水の流動の水蛭子
あらゆる形を焼き尽くし　おのれの妣まで焼き滅ぼした火の過剰の迦具土
そのヒルコとカグツチの相反合体が
父イザナギの鼻から成り出た吾　建速須佐之男である

父は初め　妻であるあなたを亡くした悲しみに　這い蹲って泣き悲しんだ
その父の涙から泣沢女神《なきさはめの》が成り出た
このとき　父は確かに悲嘆に暮れたに違いない

前の吾であったカグツチの頸を持てる十拳の剣で斬り飛ばしたのだから
そして　そのほとばしった血から　石拆神《いはさくの》と根拆神《ねさくの》が
また　石筒之男神《いはつつのをの》と甕速日神《みかはやびの》と樋速日神《ひはやびの》が
また　建御雷之男神《たけみかづちのをの》　またの名を建布都神《たけふつの》　またの名を豊布都神《とよふつの》が
そしてまた　闇淤加美神《くらおかみの》と闇御津羽神《くらみつはの》が成り出たのだから

俺はこの時　斬り刻まれながらも　想った
死は終わりではない　変容である　移行である　通過である　と

殺された吾がカグツチの頭には正鹿山上津見神《まさかやまつみの》
胸には淤縢山津見神《おどやまつみの》　腹には奥山上津見神　陰《ほと》には闇山津見神《くらやまつみの》
左手には志芸山津見神《しぎやまつみの》　右手には羽山津見神
左足には原山津見神　右足には戸山津見神が成り出たのだから

火たる吾は　血となって　飛び散り　岩にも雷にも峩々たる山脈にも成ったのだ

こうして　母イザナミは　出雲の国と伯伎《ほうき》の国の堺の比婆山に葬られた
父イザナギは　愛しい妻を諦められず　黄泉国に追いかけていったのだった
そして　亡き妻に　吾が母に　こう語りかけたのだ
「どうしておまえは俺一人を遺して先に逝ってしまったのか
我らの国生みも神生みもまだまだ終ってはいないのだ
このくらげなすただよへる国々を修理固成する道は未だ半ばなのだ
ふたたび地上に戻り我らの愛の国土《くに》をさらに確かなものに造り続けよう」

母は応えた
「愛しいあなた　でも今となっては手遅れです
吾は黄泉の国の食べ物を食べてしまったのです
だから　もう二度と地上には戻れないのです」

それを聞いて　落胆する夫の姿を見て

母は　最後の　情愛を傾けて言った

「あなたがそれほど吾を慕ってくださるなら
黄泉の国の大神に相談しきますので
その間絶対に吾を探しに来て　見てはなりませぬ」
そう強く言い残して去った

だが　父よ　あなたは　その母の願いを無残にも踏み躙ったのだ
そして灯を点して母の体に蛆《うじ》がたかり
頭には大雷　胸には火雷　腹には黒雷　陰《ほと》には拆雷
左手には若雷　右手には土雷
左足には鳴雷　右足には伏雷が鳴り轟いているのを見て怖じ気づき
恐れおののいて逃げに逃げたのだった

「我を　な視たまひそ」

とあれほど強く戒め頼んだにもかかわらず
吾が変わり果てた姿覗き見た
その痛み　悲しみ　怒り　恥ずかしさに　血が沸騰し　身を焦がした
瞬時にその無念が怒りとなり憎しみとなって体から炎が燃え盛った

そして黄泉の国の使い女たちを従えて逃走する夫を追いかけ
黄泉の国と中つ国との境なす黄泉比良坂《よもつひらさか》で言い放った
「愛しき我が汝夫の命、かく為ば、汝の国の人草、一日に千頭絞り殺さむ！」

父よ　イザナギよ
あなたは　この母の　絶叫を聴いたか？
あなたは　どこで　この母の叫びを聴いたのか？
耳か？　心か？　魂か？

そのいずれでもない

ただ　あなたは穢れたと思うあまりに　筑紫《ちくし》の日向《ひむか》の　橘《たちばな》　の小戸《をど》の阿波岐原《あはぎはら》で
禊祓いをしたのだった
母の心と魂の絶叫を聴き取らず
あなたはただ穢れを祓っただけだった

そして　その穢れの禊祓いの最後の最後に
川の中瀬で　左眼からアマテラスを　右目からツクヨミを
最後に　吾スサノヲを　成り出して　三貴子と喜び称えたのだった

だがそれは　大きな間違いである
なぜならば　吾こそは　穢れの沸点として
ヒルコとカグツチと母イザナミの痛みと悲しみと怒りの化身として生まれ変わり出た
　からである

母の呪いは吾に降り注いだ

そして　嗚呼　悲しいかな　哀れなるかな
母の祈りも吾に注がれていたのであった

それが　いのちの大妣としてのイザナミの呪いと祈りである

父よ　あなたは　そのことを身をもって知るがいい！

すべては　この妣の死から始まったのだった
すべてが
いのちの女神　イザナミの妣の死から始まったのだ

応答

あなたの国の青人草を一日に千人滅ぼす

いのちのみなもとである国生みの大妣が
国殺し　民殺しの大鬼となった

この理不尽が　この痛恨が
くらげなすただよへる国の始まりの始まりにある

その背理と悲哀をどうするか
その痛みと恨みと呪いをどう解くか

その応えを
逃げて逃げて逃げて
　おまえたちはここまで来たのだ

その問いから

大妣が投げかけるその問いから
おまえたちは　逃げることができぬ

それに応えることなしに　突き進むことはできぬ
それなしに　もはや　戻ることも　行くことも　できぬ

だからこそ
　おまえ自身で答えよ
　　おまえ自身として応えよ
　　　応答せよ！

第2章　世界神話詩

オルフェウス 1

オルフェウス
あなたが振り返ってみたもの

その取り返しのつかない貌
忘れることのない
忘れることのできない
永遠の合一と喪失のほんの僅かな隙間に

忍び寄る惧れと期待

誰もが息を呑み込む
信じられぬほどの深淵の裂け目

どこまでも墜つ
途切れそうになる糸を絡めて
ツタンカーメン
ミイラのような白繭の舟となって
ハーディスの海を下る

もはや
見届けることのない明日を
返却したその足で

地中海の落日を廻す
回転木馬
時を刻め
失われた時を求めて
どこまでゆけども日暮れにはならぬ

オリンポスは面食らった
そんなはずはないと
アテネの暦を調査した

しかし矢は放たれた
つなぎとめるもののないまま
失われた時を追い続けて
希望に満ちて飛ぶべき空を韃靼塗り塞いでゆく
黄揚羽　五月よ

オルフェウス 2

詩人としての宿業を生きる
オルフェウス

あなたの竪琴から導き出される風の言葉
その言葉の先にあの世がひろがる

エウリディケーを喪った悲しみ
その悲しみのメロディがつま弾かれるとき

どこまでも遠くまで伸びゆく手が摑んだ悲哀をかかえて
歎きの岸辺を彷徨う

これ以上喪うものはない
すべての希望を失った今
手元にあるのは取り返しのつかない記憶と悔恨と竪琴
そして噴き出してくる風の吐息
歎きの歌　死界
エウリディケーよ

詩人の存在意義というのは、
太古からの人間の普遍的な体験を言葉で表現するところにある。
詩人は
彼個人の哀しみや歓びを、
それが人間的普遍性をもつような形に凝固させなければならない。
詩人の魂には、
その民族、
その宗教、

いえ、
全人類の集合的記憶が蓄えられている。

と告げたのは、
預言者トマス・インモース神父だった

また、

詩人というのは、
世界への、
あるいは世界そのものの希望《ヴィジョン》を見出すことを宿命とする、
人間の別名である。

と説いたのは、
屋久島に住む預言者山尾三省だった

詩人というものの意味を
自らに問いかけて
自らの生を通して応えていく

そのような答えの求めかたを二人の預言者は生きた

だが　オルフェウスに
どのような希望《ヴィジョン》があるというのか

諦めにはならぬとしても
声をかぎりに歌うときだけ
失いし時を取り戻し
追憶の物語に浸ることができる

スフィンクスよ

死者の国の門を開け
そして召喚せよ
エウリディケーを
呼び戻すことができぬ時じくの雫を
一滴たりと逃すまいと飲み干しながら
風の道に歌盃を乗せる

漂流するひびき
耳を立て目覚めて立ち上がる獅子

逆髪の旋律
メドゥーサの憤怒
たらたちのタオス

人知れず呼んで

暮らす
洞窟の夢
戸惑いの凧

しらぬ
そのさきは
いづこへ
あなたをつらぬくプネウマのまま
オルフェウスよ
どこへ往くのか

ともよ！
歌うことを恐れるな！

ノア

ノア
あなたが作りし箱舟
三百キュビトの長さ

狂天慟地の世界を旅し
未知なる岬に到着す
糸杉の舟

ノア
あなたに届いた言葉
しかしそれを伝えても誰も信じることはなかった
ノアだけに届いた契約の言葉

世界は滅びる
地が暴虐に覆われたから
悪の栄える世界は滅ぶ

そんな言葉を四面楚歌の孤独に堪えて生き抜いた

ノア
あなたに届いた言葉は重く壊れることがない
あなたの心に響いた言葉は深く終わることがない

言葉が舵となってあなたは往く
誰にも理解されなくとも
誰に馬鹿にされようとも
あなたはひらすら突き進む

天の言葉を抱いて

ノア
あなたの瞳に夕日が映る頃
あなたは世界の終りと始まりを見る
それはあまりに哀しく
そしてあまりに澄明な光景だった
天水に洗いつくされた大地
あなたはその哀しい美しさに涙した

生き延びることができたとしても
返すことのできない負債を抱え
あなたの両肩に死と再生の天秤が食い込んで軋む

逃げることもできない

留まることもできぬ
あなたは往くしかない
天の言葉と共に
何が待ち受けているかわからずとも
あなたは天に導かれて往った
虹の契約に乗って

最終の言葉

最終の言葉
それは何?

狂天慟地
天が割れて卵が落ちてくる
卵が割れて玄武が飛び立つ

地が割れて火山弾が噴き出してくる
弾が割れて青龍が飛び立つ

四神相応鉄壁の護り
東に青龍

西に白虎
南に朱雀
北に玄武

だが　わずかばかりの告白に
モーセが
水から取り上げられた子　モーセ　モーセが
ユダヤ人として捨てられて　エジプト人として拾われた　モーセ　モーセが
告発す
天の意思は神秘不可思議きわまりなし

サムエル
サムエルよ　サムエルよ
呼ばわる声にあなたは応えた
はい　しもべはここにいます　と

不知火からあなたの応答が天に届いた
全球通信　知らぬが仏

スサノヲ
悲しみの子
喪失の孤児
天地剥奪
おまえに母はいない
遠ざかりつづける母子よ
晴天は倦む
最終の言葉に

汝ハレマゲドン

デルフォイの夢

一九八一年八月、デルフォイの神殿に立った。雲一つない抜けるように蒼い空。どこまでもその蒼の中に墜ちていくような。

かつて古代ギリシャ一のアポロン神殿のあったその場所は、今は神託も信託も託される何ものもなく、真昼間の何一つ翳りのない陽光の中で明るい廃墟であるばかりだった。その昔、アポロン神殿の権威はギリシャ全土に広がり、汝自身を知れの格言が神殿の額に掲げられていたという。今はちらほらと観光客はいたが、それほどの数ではない。強い日差しの中で緩慢に移動する人びと。

地形を見回し、アポロン神殿の脇からパルナッソスの山に登った。山頂で誰もいないのを確認して素裸になった。小学五年の時、『古事記』を読み、続けざまにすぐギリシャ神話を読んで以来、ギリシャに憧れていた。そしていつしかギリシャに行ったら、その輝くばかりの陽光の下で真裸になってその光を一身に受けたいと思い続けてきた。三十歳の夏、その子供の頃からの願望を達成した。

素っ裸で祝詞を奏上し、龍笛を奏でた。その時、ダダンダダンと空が鳴った。ダイナマイトでも仕掛けて山を爆破しているかのような。おそらく観光客相手のリゾートホテルを建てるために山を切り崩しているのだろう。そう思うとむしょうにかなしくなった。

たった一人の儀式を終えて、宿の近くのタベルナに入って遅い昼食を摂ろうとした。途端、これまで経験したことのないスコールが襲ってきた。篠突く雨というか、爆弾のような連射砲のような雨雨雨。その時、強烈な閃光が走り、しばらくして物凄い音響がダダンダダンと空が鳴り響いた。それはカミナリだった。身震いするほどぞそけだった。

その夜、夢を見た。泉の前に立っていた。泉から金色の湯煙が立ち上ってくる。そこに近づき、飛び込んでいきたい気持ちがあるのだが、恐れ多いような神々しいような畏怖の念を感じて佇んでいた。その時、金の泉の中から声が聞こえてきた。

「美しいものを美しいものとして見るのではなく、醜いものを醜いものとして見るのでもなく、ただありのままに見つめよ」

そして、予言の言葉が続いた。何処から来て何処へ行くのか。その道筋を示す言葉を得て慄然とし、ありのままに見つめることを座右の銘とするほかなかった。行き先は不明でもその流れに乗るほかなかった。

第3章

悲嘆の神話詩

歎きの城

四方八方の転身
疎開中のマンドリンが鳴いた
ホトトギスさえこれほどはと思うほど

人は皆
各個各心の中に歎きの城を持っている

城主は忙しく出張しているから
家老や門番がせわしく城勤めしているが
時に世話焼き切れず
治外法権
勤務放棄

お手上げとなる

どうか　教えてください
秘密の扉の開け方を
そして　歎きの城を
智恵の蔵とする旅程を示してください

不在の城主に連絡が取れず
苛立ちながら家老は訊いた

とめどなく流される涙
嘆きの声は終わることなく
呻きを押し殺す瞬間
慟哭が漏れた

葬儀のさ中
焼香の最中に
妻は悲しみというよりも大地から槍で突き上げられたように跳び上がった
羯磨は慟哭するということを初めて目の当たりにした

子どもの頃
ある冬の朝早く手洗いに立つ時
窓の外に真裸の女が立っていて
畑の大根を抜いてポンポンと投げ捨てていた
そのあまりの無造作に
そのあまりの無防備に
そのあまりの自然さに
信じがたい光景なのに
あまりにも当たり前に

その場に居付いていた
不可思議極まりない超現実的場面なのに
当然というほどのクリアーさ
美しくただうつくしく

息する間もなく見つづけた
母と同級生の隣家の女は
その後精神病院に運ばれて死んだ

忘れられない
そのひとを
悉はあいした

その時と同じ強度で撃ち砕かれた
たましいを射抜かれ

忘れることができないまま
古希を迎えて死者を待つ

不在の城主は
行方不明の名札を置いて
しろがね行きの舟に乗って
消息を絶った

交信は途絶えたが
記憶は残る
記録も残る
傷口も残る

どうか教えてください
秘密の扉の開け方を

歎きの城を焚き上げて
是空の風とする魔法をお示しください

海風の中
マンドリンがひとりでに鳴った

立ち上がるオルフェウス
冥界下りのスサノヲとともに

戸口

あなたは
戸口に立って
背を向けた

その向こうに
鮫の国が口を開いていた
泣いてばかりいる村人に
あなたは
天を指して言った

開かれた

門の向こうに
待ち望んでいた
誰もが
悲しみのフーガのその先に

遁走する使徒
迎え撃つ鮫の国

あなたは
哀しみの石を拾った
出逢った人の心から

碇り石のように
沈み

心の底に張付いて
剥がれることのない
その重石を

誰もが魔術と思うような愛の秘義で
蟒蛇の舌を溶かし
魔弾の魔手をほどき
どのような糸のほつれも
解き放ち
やわらげて

乳と蜜の流れる
その国へ

怒りに燃える村人は焼き放った

曽戸茂梨の里
乱れ墜つ星の嘆きを
口一杯にほおばり
やさしくかんだ

とける
うらみぼし
はしばみの歎異抄
御国は近い
と
呼ばわったまま

嗚呼無常

時の河は鮫の国にいっせいに流れ込んだ

海月なす漂へる国

クラゲなすただよへるしまの
憂鬱

孤独ともいう
その名は
依り代

やほよろづの神々はいるのに
これほど多様な生類はないのに

クラゲなすただよへる島の
孤独

それは
内から蝕む蠱毒が
この毒死列島を食い荒らしたから

不知火少女は宣言した
霊界通信も辞さず

やまたのをろちという
猛毒を
ふしぎにあやしいかみつるぎのくすりに変えた島なのに

今そのような魔法をだれがつかう?
生類憐みの令　輪

つながらぬ
とぎれた通信
とじられた花環

修理固成のその先に
矢車剣之助ぃざ見参

行こう
天の岩戸を抉じ開けに
暁烏のトビウオたちといっしょに
どこまでもどこまでも
虚空開闢
新事記のお筆先のままに
時の鐘を呑み込んだ
乎　炉　蜘　爛漫

生命の樹

ぷりり　ぬりり
生命の樹
ふたこぶラクダ
遠ざかる夢

一足遅く駆けつけた
見つけられない扉まで
イシュタルの神殿
聳え立つ柱廊に隠れた薄衣
ぬめやかなしたたり

滴、落ちたり、肥後の海

かけがえのないものほどすばやく手放してしまう
生きてあることの陥穽

せんりつ

笊のような人生を封じ込めた接吻に傾斜してまで
想い出を召喚する立行司

さあ
洞窟は開かれた
誰にも見通せぬ闇夜に
金の林檎と蜜

甘さを失くした先に甦る麒麟
そのたてがみに押し寄せる目も眩む津波に

溺れ呑まれ弾かれ
今日一日を生き急ぐ

るり　めり　さり　ぬれ　おぼ

神剣

とどまることをしらぬ世界樹
その光をうけて

未知をさぐる
手はあたたかい

いつも交信可能なように
半開きの口元を
あなたはゆるめたりすぼめたりしながら
蜜の暗号を呪文のように唱えていた

みゅーとうり　きゅーたうり　しゅーみたり

意気軒高と駆け抜けてゆく童子
少年の花びらで胸元をそめて
りきんでまっかになった星座
満月から送り届けられた神剣

破ることのできない判決を切り裂いた古代文字は
鼠がもんどりうって走り込んでいく海に送信された

危機は回避された
と
白鷺の明日が告げた

そう
飛鳥よ

おまえの翼に沁み込んでいる怨恨は
どのような乳房によってもほどかれることはない

こどくなどというなまやさしい
毒を
ぼくはのまない

あなたのくちから
そでがしたたりおちるまで

出雲鳥兜

鳥兜
生え抜きの澪標
滑り落ちて
行き着いた

渾沌こそがいのちのみなもと
ちからのいずみ

歪みを抱えた踝に突き刺さる生類憐みの令
毒消し里の入れ歯

こだわりをすててこそ

まじわりをかさねてこそ
いきどおりをわすれてこそ

ここだくのつみいでむ

みずからがおのずからに変ずる水位
そのなにげなしのまなざしにかけて
季節を食べた

おりてくる芋柱と
二階屋の後家と
さむらい

かるたはさるた
猿田彦大神の赤かがちのまなこに

埜中のともしびがゆれる
そんなはずはない
と
言い切ったとたんに
神経回路は外れた

そして
このやちまた
まよいびとさわに出雲へと

妹の力

半壊越えの
凪の海を
途絶えたままの妹とともに

かぎりなく
さぎりなく
くぎりなく

くりだした
死海荒海
荒廃無敵

叩き出す暗号だけ
そのぶん酸素が補給される
交じり合うことのない交点で手旗信号を懸命に振る
白色レグホンのようなシジフォス

さわがしくもないが
さわぎたてるでもなく
啄木鳥の打音に討ち果てた
戦士黎明に目覚む

やはり
今生ではそいとげることができぬ
おまえなら
せめて夢通勧進帳のいちまいの絵言葉となって
白鷺は凛々しく脱糞する

おう
見事なまでのペルセウス座流星群
夜空に懸かる虹の如く
春の花魁のほどかれし帯の如く
なまめき
くるめき
はしめき
ぬれおちた

ゆくりなくも
不渡り手形
合鍵がどこまでも求めゆく合一に向かって
銀河第一雪渓の角を折れ曲がって
ずり落ちてもがく

笑ってばかりいる童子と
手をつないで　飛んだ
夢のさ中へ

少女始源

はたからみていても
なんのことはない
但し書きの日常

そこに
鮮烈横槍の注釈

一書に曰く
二書に曰く
三書に曰く

曰く付きの土俵

誰もが追い詰められて
うっちゃる寸前　光陰矢の如し

さざめきのフーガ
メインテナンスを忘れた入れ歯の生類の記憶

かつて恐竜であった頃の空を覚えている
どこまでも青く　蒼く　碧く
あおさでぶちきれた癇癪

犬歯は疾走する
カンブリア紀から
ジュラ紀まで

てをつないだまま

はしったのに
蒼空に吸い込まれて溶けた
分子生物学の公式通りに

八雲立つ出雲
と
呼ばわる大音声の白亜紀殿堂で
父母未生以前の始祖鳥の卵を抱いて眠る
少女始源は夢通分娩しつづけた

秘密漏洩

秘密漏洩

どこにも秘密はないのだけれど
どこでもいつでも秘密だらけ

すべては開示されているのに
いたるところで謎だらけ

空海は如来秘密と衆生秘密があると言ったけど
秘密にしているのは自分自身

知覚の門に

通行量の制限があるから
一挙光速通信などはいうまでもなく
夢通通信もテラバイトを超えすぎて
秘密漏洩してしまう

個人情報などという衆生秘密に
宇宙全方位情報の如来秘密が説教しても
誰も行方不明の念仏

昔は馬の耳に念仏と言ったが
今は人の耳に念仏と言う

念仏という極意を秘密漏洩してくれた
金星少女

君の指通信はいつも黄昏れ
消息しぐれ
宵の明星と三密加持する

ほら
夢通分娩真っ最中
きらきら星だよ

難破船

折に触れて想い出す　難破船
アラン群島の小島　イニシュア島に打ち上げられていた
痛々しいも崇高な難破船の残骸を

その寂寥きわまる単独者の神々しさ
あらゆるものを寄せつけぬ異物として
あらゆる調和をはじく異和の瘢痕として
あらゆる涙を吸いとるこの世の断崖として

そは　難破船

想い出せ

そのむかし　くらげなす島の
漂流の行方のその先に
ひとつの光と希望があって
輝く海を渡り来し民のありしことを

想い出せ
激烈に噴火する秀麗なる山ごと
鮮紅に裂けて
畏怖と震撼を生み出し
ひれ伏しながらもよろこびに打ち震えたことを

想い出せ
相馬はるけくわたらせの
野に咲く白百合に
うやうやしくも膝まづきしあしたを

ゆくりなくも　落ちのびて
見せたほほ笑み
刻まれし苛烈
惨酷なるしるしとみなす
おきて

はろばろと時は過ぎゆき
死の累積を重む

絶望の谷に下りて
救いの水を飲む

想い出せ
くらげなす島の漂流の行方を

想い出せ
くらげなす島の彼方に聳え立つ蒼穹を
その無限遠点の理不尽
愛の傷痕を

結章　受苦と癒しの大国主

――痛みとケアの神としての大国主神

1　はじめに

大国主神《おほくにぬしのかみ》は、『古事記』の中では、高天原の天つ神の主宰神と言える天照大御神《あまてらすおほみかみ》に対峙対抗する国つ神の代表神とされる。神社形式においても、伊勢の神宮の神明造りに対して、出雲大社（旧国幣大社）の大社造りはよく知られている。大国主神を祀る神社として著名なものは、出雲大社（杵築《きづき》大社）を筆頭として、玉敷《たましき》神社（延喜式内社、埼玉県）、久伊豆《ひさいず》神社（埼玉県）、神田神社（神田明神、東京都）などがある。

従来、この大国主神の神徳論として、稲羽の白兎を「助ける神」とか、少彦名《すくなひこな》神とともに国土開発を達成する「国作りの神」とか、天孫に国土を献上する「国譲りの神」とかとされ、その神徳が称揚された。また、この国譲りに対して、『日本書紀』第九段第二の一書では、「顕露事」は皇孫に、「神事」「幽事」（かくれたること）は大国主神にと記され、これにより「幽世《かくりよ》の大神」とも称えられてきた。そこで、平田篤胤などは、大国主神を「幽冥界」の主宰神と見立てたので

い。

もちろん、このいずれも、大国主神のはたらきを捉える神徳論として間違った解釈とは言えない。

しかしながら、それだけで事足りるのか？　大国主神の神徳・神性はもっとなまなましく、深刻なところがあるのではないか？　本論ではそのところを、「痛みとケアの神としての大国主神」として捉え返してみたい。そして、このような観点を示すことによって、現代社会や現代世界に向き合う神道神学のありようを構想してみたい。

この「神道神学」について、一言しておきたい。「神道神学」の語を用いて、戦後の神社神道の教学思想を最初に牽引していったのは小野祖教《おののもとのり》で、その後、この領域を上田賢治、安蘇谷正彦が継承展開した。筆者の指導教授（筆者が大学院修士課程に入学した年に定年退職して非常勤講師として大学院の授業を担当するとともに京都府丹後大江山の元伊勢内宮皇大神社の宮司を兼務していた）は神道神学の創唱者とも言える小野祖教で、筆者は小野の最後の弟子である。彼は私に神道神学を担える人材になってほしいと期待したが、私はその方向には進まず、七十一歳を過ぎてようやく「神道神学」の領域に少し近づくことになった。小論はその第一歩となる。(2)

さて、ここで何が問題となるか。そしてその学問的方法論はいかなるものか。小論は大国主神信仰の成立史を歴史学的に跡づけるような歴史学的研究ではない。また、大国主神信仰の信仰圏を歴史社会学的に再検討するような社会学的研究でもない。また、松前健の『出雲神話』（講談社現代新書、一九七六年）のように、出雲神話の「実像」や「原像」を明らめるものでもない。また、吉田敦彦の『大国主の神話』（青土社、二〇一二年）のように、大国主神話とギリシャ神話のアドニス伝承や弥生時代の祭祀との比較や関連を問いかけるようなものでもない。また、原武史の『〈出雲〉という思想』（公人社、一九九六年、講談社学術文庫、二〇〇一年）のように、主に江戸時代の本居宣長や平田篤胤以降、明治時代の千家尊福《せんげたかとみ》らの出雲観や大国主観を問いかけるものでもない。また、岡本雅享『民族の創出――まつろわぬ人々、隠された多様性』（岩波書店、二〇一四年）のように、「まつろわぬ者」の復権と再定位をはかるものでもない。

そうではなく、ここで問題となるのは、あくまでも大国主という神の神徳・神威・神性・神業である。大国主神のはたらきと特性をどう捉えるのかがここでの主題となる。そしてそれを捉え考察する学問領域と方法論を次の三つの角度からアプローチしていきたい。

① 信仰の弁証としての神学として、
② 思想的問題としての神道思想として、
③ 現代的課題解決の臨床応用的神話モデルとして

この三領域と三方法が絡まり重なりながら、特に「神道神学」という収斂点に向けて、大国主という神のはたらきと特性に迫りたいのである。(3) この方向の先行研究としては、神道學會編『出雲神道の研究』(神道學會、一九六八年)所収の諸論の中の久保田収「出雲大神と神道思想」、森田康之助「出雲教学の問題」、西山徳「出雲大社の信仰と神社神道」などがあるが、それは従来称揚されてきた出雲の神の神徳や信仰の内実を掘り下げる伝統的な幽冥論的な立場からの立論である。しかし、小論ではそうした伝統的な幽冥神学的枠組みから離れて現代神学的な課題の只中に投げ込んでみたい。それが以下の執筆動機と絡んでくる。

それではなぜ、このことが、このような方向性の問題として浮上してきたのか?

理由は二つある。コロナ禍とウクライナ戦争である。前者は病に、後者は戦いに関わる。前者については言えば、二〇二一年八月二日、コロナ禍中での神田神社での清水祥彦神田神社宮司との対談の中で、「痛みとケアの神としての大国主神」について発言したことが大国主再考の大きなきっかけとなった(『現代宗教』二〇二二年一月号、国際宗教研究所刊)。そして、その後に、後者のロシアの侵攻によるウクライナ戦争の勃発があった。二〇二二年二月二十四日にロシアによるウクライナ侵攻があって、すでに一年以上が経つが、戦争が終結する兆しは見えない。両国両軍とも傷は深まり、相互に憎しみや恨みも深まっているように見える。今のところ、話し合いの余地はなく、決裂したまま、戦争による軍事的解決しか道はないように見える。戦禍はいっそう深刻になっている。

そうした時に、大国主神の存在が大きく強く浮かび上がってきたのである。大国主神がどのような想いと方策で「国譲り」をしたのか？　そのことが私の中で強烈な神話論的・神学的・思想的な課題として浮上してきた。そのことをここでは、①「殺害され続けた神」、②「蘇って、国作りした神」、③しかし、その国を「国譲りした神」、④そして、それらを統合した「痛みとケアの神」として考察してみたい。

2　殺され続けた神といのちとむすひ

そもそも、出雲には「命主社《いのちぬしのやしろ》」という式内社がある。「いのち」の「ぬし」が鎮座するところ、それが出雲であり、『古事記』の第三番目に現われ出る「神産巣日神《かみむすひのかみ》」を祀る。出雲大社の摂社である。

大国主神は、『古事記』では一番多い五つの異名を持つ特異な神である。元々の名は、「大穴牟遲神《おほむなちの》」で、その神名は「大きな穴を持つ威力ある神」という意味とも解釈できるが、これについては諸説ある。その他にも、「葦原色許男神《あしはらのしこをの》・八千矛神《やちほこの》・宇都志国玉神《うつしくにたまの》」の名前を持っている。『日本書紀』には七つの名を持つと記載され、これほど多くの異名を持つ神は記紀神話には一柱もいない。

この大国主神話を『古事記』に沿って物語のあらすじを起承転結として辿っておくと次のようになるだろう。

①起：八上比売《やがみひめ》に求婚していく途中で稲羽の素兎を助けて、兄神たちの嫉妬により二度殺される。

↓「癒しの神」にして「殺害される神」であるが、「甦る神」でもあるという不思議な神性の提示。

②承：父祖の神須佐之男命《すさのをのみこと》のところに逃げて、そこで妻となる須世理毘売《すせりびめ》や鼠の助けを借りて四つの難題を解いて、「大国主神」という名を須佐之男命より授かる。

↓多くの援けを得て課題を解決し「大国主神」と成るというイニシエーション的な神性・

神格の提示。

③転：沼奈河比売や正妻須世理毘売との間で愛の歌を交換し、また少名毘古那神と共に国作りをする。

↓国作りの一端は多くの子神を設け子孫繁栄するということであるが、そのための愛の交歓と嫉妬の慰撫という課題に応えつつ、国を作って繁栄させる「大国主」というその名の通りの神性の提示。

④結：天照大御神の孫に国を譲ると、お返しに「天御舎」が造られ饗応を受ける。

↓「国譲り」という最大の難題に相互補完的な棲み分けのありようを示す複雑かつ柔軟に対応する神性と出雲大社（杵築大社）創建の提示。

まずは、「殺害され続ける神」という神性の探究から始めよう。

オホナムヂ（以下、多用するこの神名をカタカナ表記する）には、八十神《やそがみ》と呼ばれるたくさんの兄弟神がいたが、一番弱い者とみなされてか、いつも力仕事を言いつけられていた。この兄弟神はみな隣りの稲羽国《いねばのくに》の八上比売に求婚に行った。この時、オホナムヂは兄神たちの荷物を全部負わされ、一番後からついて行った。

気多《けた》の岬まで来ると、「素兎《しろうさぎ》」（因幡の白兎）が泣いているのに出会った。そこでオホナムヂが「どうして泣いているのか？」と訊くと、白ウサギは傷を受けた理由を語り、先に通過した兄神たちに教えてもらった傷を癒す処方を実行するとますます痛みがひどくなったと打ち明けた。オホナムヂは白ウサギの話をよく聞いて、「川へ行ってよく真水で体を洗い、柔らかな蒲黄《かまのはな》を草の上に敷いて、そこに寝転がって体を休めると、傷ついた肌は元に戻るだろう」と傷の痛みを癒す方法を教える。白ウサギがその通りにすると、傷は癒えて具合はグングン良くなっていった。そこで白ウサギはお礼に「あなたはきっと兄神たちを差し置いて八上比売様の心を得ることができ、必ずや栄光と幸福を勝ち取られるでしょう」と祝福の言葉を述べ、その言葉通りになった。これがよく知られている『古事記』の中の稲羽の白ウサギの物語である。

この場面におけるオホナムヂは、医療神、「癒しの神」である。この点は、従来の大国主信仰の重要な一面を成しているが、私がここで特に注目したいのは、大国主神と動物との関係性である。というのも、大国主神ほど動物を大切にした神はいないからである。まず、稲羽の白ウサギを助けて、その傷を癒した。

そればかりではない。その後、大国主神は須佐之男命の試練を受け、その第三の試練の鳴鏑の矢を取りに行った際、火を放たれて絶体絶命の事態に陥った。その時、オホナムヂは鼠に助けられたのだ。

加えて、他の三つの試練も、蛇の室の試練、呉公《むかで》と蜂の室の試練、頭の虱《しらみ》・呉公を取り除く試練で、すべて動物が関わっている。この動物との関係性は極めて重要な特異点である。『古事記』では、たとえば豊玉毘売《とよたまびめ》は、本国の姿（八尋鰐《やひろわに》）になって出産するが、それを夫のホヲリノミコト（山幸彦）に見られたために、わたつみの国に還ることになる。またヤマトタケルは、伊吹山の神が白猪の姿で現れたのに気づかず侮ったために、死に至る。また、王化に従わない部族を「土蜘蛛」と呼称したりしているのを見ると、大国主神がこれほど動物と親和性を持っていることが際立っていることが明白である。

そしてさらに重要な点は、動物（白ウサギ）を助けると同時に、動物（鼠）に助けられている点だ。「助ける神」が「助けられる神」となって、世界を調和に導くという物語は、医療神としての大国主神の神徳を表わすのみならず、「傾聴する神・ケアする神」としての特性を表わしていると見ることができるからだ。これが、本論の題目「痛みとケアの神」としての大国主神ということにつながる。

ケアの領域では、共感（Empathy）や「傾聴」（deep listening, listening attentively）が重要であると指摘されてきた。そして今、これらに加えて、「インターパシー」（異他的理解、Interpathy）が重要であると認識され始めている。(4) これを異種間コミュニケーションの文脈で捉えることができるが、こうした「インターパシー」能力において、大国主神は群を抜いて優れているのである。『日本書紀』本文では、こうした「医療神としての大国主神」のことを「顕見蒼生及畜産《うつくしきあをひとくさまたけもの》のためにすなはちその病を廃《をさ》むる方を定む。また鳥獣昆虫の災異《わざはひ》を攘《はら》はむためにすなはちその禁厭《まじなひ》之法を定む。ここをもて百姓今に至るまでみな恩頼《みたまのふゆ》を蒙《かがふ》れり」と記している。つまり、人間や家畜の生活を守るために、鳥獣や昆虫の災いを祓うことができるためには、その生起してくる理由や成り立ちや思い（声）を聴き取ることができなければならない。こうして、大国主神は生きとし生けるいのちあるもののために病気を治し、さまざまな災いを祓うための呪法を定め伝授したのである。人々はそれによって多大な恩恵を蒙ったのだ。

そこで、後に、平安時代の大同三年（八〇八）に編纂されたという日本最古の医学書である『大同類聚方《だいどうるいじゅうほう》』の典薬寮本には日本の医薬の道の祖として大穴牟智命と少彦名命と武内宿禰の名が挙げられることになる。日本の医療神として、オホナムヂノミコト、すなわち大国主神が挙げられることは大変深い意味と理がある。

というのも、オオナムヂは「殺されて甦った再生した神」でもあるからである。稲羽の白ウサギはオホナムヂが八上比売の心を射止めると予言し、その通りになったが、オホナムヂはこのことで、兄神たちの猛烈な嫉妬といじめと攻撃を受けた。一度目は、猪を追いかけるから下で待っていて射止めろと言われので、そのようにしていると、上から兄神たちが落とした真っ赤に焼けた大石が転がってきてオホナムチを下敷きにしてしまい、焼け死んでしまった。

兄神たちは弟の死を大いに喜んだが、母神の刺国若比売《さしくにわかひめ》は嘆き悲しみ、天に上って「神産巣日之命《かみむすひのみこと》」に助けを求めた。そこで、カミムスヒノミコト（前掲「命主社」の祭神）は、赤貝の神である「𧏛貝比売《きさがひひめ》」と蛤《はまぐり》の神である「蛤貝比売《うむぎひめ》」を遣わし、甦らせた。キサガヒヒメはバラバラに飛び散ってしまったオホナムヂの体を集め、ウムギヒメが「母の乳汁」を塗って、元通りの立派な男に甦らせたのである。

このようにして、母神である御祖命＝刺国若比売が「ムスヒ」の神力でオホナムヂを再生した。これが出雲の祖神たる「カミムスヒ」の神のはたらきである。かくして、オホナムヂは殺されて再生したまことに珍しい神であると言えるのだ。

だが、この再生を見て、まずます怒りと憎しみにかられたのが兄神たちである。兄神たちはふたたび策略をめぐらせ、オホナムヂを山の中に引き入れ、大木を切り倒して、木に茹矢《ひめや》のくさびを挿し込み、その木の割れ目のところに連れて行ってくさびを抜き、オホナムヂを木の間に差し挟んでふたたび殺した。

それを知った母の刺国若比売はまたもや泣きながら死体を木から引き抜いて、もう一度蘇らせた。だがこのままではオホナムヂの命がいくつあっても足りないと、兄神たちの仕業を恐れ、父祖神の須佐之男命のいる「根《ね》の堅洲国《かたすくに》」に行くように命じたのである。

ここまでが「殺害され続ける神」としての大国主神の神性記述である。具体的には二度殺害されて、二度甦り、三度も四度も殺害され続けることが予想されるので、母神が父祖神の須佐之男命の住むところに行くように仕向けたのである。

それでは、ここからどのような神道神学ないし神道思想を導くことができるかが、さしあたり本章の小括的な課題となる。それは、実に心優しいが、この世の権力闘争や神々の駆け引きの中では「最弱の神」であるという神性記述である。そして、この「最弱の神」が「最強の神」になるというパラドクシカルな逆転劇が『古事記』ドラマを実に面白く示唆的な筋立てにしていくことになり、この逆説性こそ大国主神の魅力であり威力とも言えるのである。

3　いのちとむすひと神々

ここで、大国主の物語から少し横道に逸れて、そもそも「いのち」と「むすひ」と「かみ」がどのような関係にあるかを『古事記』に拠って考えておく。

まず、「いのち」という大和言葉と、「生命」という漢語には、どのような違いがあるか？　一般的に、「生命」という漢語が含意するのは、生物的なphysicalな側面である。それに対して、「いのち」には自然と霊性（ここでは「スピリチュアリティ」とほぼ同義として扱う）の両方が含意されている。「い」には息や息吹き、「ち」には血や乳や風や霊が含意されているからだ。特に、霊に関わる「ち」としては、「カグツチ（火の神）・ミヅチ（水の神や霊）・イカヅチ（雷の神）・クノチ（野の神）」などの神格・神威・霊威を表わす語彙を例に挙げることができる。

また、「いのち」に掛かる枕詞として『万葉集』で使われているのが「たまきはるいのち」という言葉である。「たまきはる」とは、「魂が来訪して膨らみ経ていくもの」という意味であろう。

青木繁
大穴牟知命
1905年、アーティゾン美術館蔵

とすれば、「いのち」は「たましい」のはたらきを抜きにして成り立たないということになる。

「いのち」を「いのち」たらしめるのは息と魂である。それが「いのち」の原基である。

この「いのち」が自然生成力を意味する古語の「むすひ」(『古事記』では「産巣日」、『日本書紀』では「産霊」と表記される)とどうかかわっているか。

『古事記』冒頭の「国生み神話」には、伊邪那美命《いざなみのみこと》が次々と島々(「大八島国」)を産んでいくさまが描かれている。天の神の命を受けて、イザナギノミコトとイザナミノミコトが高天原からオノゴロ島に降り立って、「みとのまぐはひ」(性交)をし、島々や神々を出産していく。それが「国生み」であった。そこに、いのちの帰趨が表現されている。日本列島における最初のいのちの始まりと成り立ちを、島々の生成と神々の顕現によって示しているのだ。

『古事記』で興味深いのは、このいのちの出現が、生成と出産の二つの段階と過程として表現されている点だ。「天地初発時」に高天原に最初に成り出でる神々は、天之御中主《あめのみなかぬしの》神、高御産巣日《たかみむすひの》神、神産巣日《かみむすひの》神、宇摩志阿斯訶備比古遅《うましあしかびひこぢの》神、天之常立《あめのとこたちの》神の「別天神《ことあまつかみ》」と呼ばれる五神である。

この第一段階のいのちの生成は、「独神《ひとりかみ》」で「隠身《かくりみ》」とされる神々の顕現であり、「なる(成る)」神々の生成である。最初の神々はそこに立ち現れ出てくる。これらの成る神々は、誰かが生んだ神々ではない。おのずから成り出で、立ち現われる神々である。そして、その生成力を

同じ「むすひ」の名を持つ二神が必要だったのかと言えば、男女や夫婦や陰陽のように対極にあるものを結びつけることによって生成していくことの原基構造を示す必要があったからだと考えられる。「むすひ」という神名で表現している。タカミムスヒの神とカミムスヒの神として。どうして、

この宇宙の生成の中で、神々の力が発動し、いまだ形はないけれども、働きとして顕現してくる。このいまだ形無き隠身の独神の生成と顕現が語られ、続いてより具体的にペアの神々が「隠身」ではなく「顕身」として現われ出てくる。そして、その最後にイザナギ・イザナミという高度に擬人化された神格と神体を持ち、みずからの目鼻（それにより、天照大御神・月読命・須佐之男命の三貴子を化生させる）や生殖器（それにより、性行為を行ない、国生み、すなわち出産するように島々を産んでいく）などの器官的身体性を持つ神々が登場するのである。

こうして、天の神々のミコト（命＝御言）、つまり、国生みのミッションを受けて、イザナギ・イザナミの夫婦神が「国生み」を始めるのだが、その時、天の神々はイザナギ・イザナミの二神に、「この漂える国を修《おさ》め、理《つく》り、固め、成せ」と命じる。その命は「修理固成」という四文字で表現される。作り固めて治め成せ、という意味の命であるが、これは「みとのまぐはひ」による「国生み」と同様、「むすひ」の具現化を意味する。

「国生み」としては、イザナミノミコトは、まず水蛭子《ひるこ》、淡島を産むが、これは子の数には入れられず、次に産まれた淡路島(淡道の穂の狭別島)が最初の子供と認定される。続けて、「身一つにして面四つ」を持つ「伊予の二名島」(四国:阿波・土佐・伊予・讃岐)が生まれるのだが、注意すべきは、それぞれの島が神名を持つこと、男か女かの性別を持つこと、一つ島でも地域によって神格・神名・性別・地域特性が異なることの三点である。

「伊予《いよ》の二名島《ふたなのしま》」すなわち「四国」は、「身一つにして面四つ」、つまり、一つの島であるが四つの地域の顔と特性を持つとされ、東南の顔は阿波の「大宜都比売《おほげつひめ》」、西南の顔は土左の「建依別《たけよりわけ》」、西北の顔は伊予の「愛比売《えひめ》」、東北の顔は讃岐の「飯依比古《いひよりひこ》」と命名される。興味深いのが、この四つの神名を分析すると、男神二神と女神二神に分かれる。オホゲツヒメとエヒメの「ヒメ」神(女神)グループと、タケヨリワケとイヒヨリヒコの「ヨリ」の共通名を持つ男神グループである。さらにその内、東南のオホゲツヒメと東北のイヒヨリヒコはどちらも生産や食料の男女神であり、西南のタケヨリワケと西北のエヒメは「猛々しい男」と「麗しい女」という意味の男性性と女性性を最大限に発揮した男女神であることがわかる。要するに、「一身四面」の四国とはきわめてうまく陰陽のバランスのとれた島であるということになるのだ。

イザナミは、続けて、隠岐の三子島(天之忍許呂別)、筑紫島(九州)、伊伎島(天比登都柱=壱岐)、津島(天之狭手依比売=対馬)、佐度島、大倭豊秋津島(天御虚空豊秋津根別=本州)の島々を産み、これらの八つの島々を合わせて「大八島国」と呼ぶようになったと『古事記』は物語る。この中で、「筑紫島」すなわち九州も四国と同様、「身一にして面四つ」とされるが、北の筑紫の国は「白日別《しらひわけ》」、東の豊の国は「豊日別《とよひわけ》」、西の肥の国は「建日向日豊久士比泥別《たけひむかひとよくぢひねわけ》」、南の熊曾の国は「建日別《たけひわけ》」と呼ばれ、すべての地域神名に「日」と「別」の名と文字が入っている。ということは、陰陽が組み合わさっている四国とは異なり、九州の土地の霊性(日=霊)はみな雄雄しく火を噴く(別=湧く=沸く)男神たちという特性を持っているということであろう。このような地域特性を『古事記』の「国生み」神話と神名の分析から読み解くことができる。

「国生み」の後、イザナミはさらに石や土や砂や海や川や山や谷や火など山川草木の神々の「神生み」をする。だが、火の神カグツチを産んでホト(女陰)が焼かれ、病み衰えて黄泉の国に身罷る(「神避る《かむさ》」)。『古事記』においては、神々もあちら側、つまり死の世界に赴く。その表現が「神避る」である。

このように、いのちや生死の問題を考える時に『古事記』はさまざまな問いの材料を提供してくれるのだが、この時、夫のイザナギノミコトは、妻イザナミが最後に産んだ火の神カグツチの誕生が原因で愛しい妻が死んでしまったので、何とも憎い子供であるかと子殺しをし、火の神カグッチの首や体を切ると、その血の飛沫から神々が誕生する。ここでは、殺害された神は死によってすべてが終わるわけではなく、殺された神々の血からまた新たな神々が出現するというように、死と生成、死と誕生が織り合わさる形で分かちがたく結びついている。そしてその生まれてすぐ殺害されたカグツチとイザナミの痛みと悲哀を受けて化生してきたのが須佐之男命というのが私の解釈である。

「避る（去る）」ということは、神の形の変化やいのちの変化、つまり移行や変容を表わす。それが「死」とされ、そこではたとえ黄泉の国や死の国へ行ったとしてもその国にはまたもう一つの生や存在の形があって、そこで食べ物を食べたり（「黄泉つへぐひ」）する。その国の食べ物を食べると、その国の住民になってしまうので、もう元の世界には戻れないとされる。

「神避り」した黄泉の国のイザナミのところへイザナギが妻を追って訪ねてきて、「まだ一緒に国を作り終えていないので、帰って国生み国作りを続けよう」と語りかける。だが、イザナミは「黄泉の国の食べ物を食べてしまったので戻れないと思うが、黄泉国の神と相談するので、その間、自分を探さないで、見ないで」と応え、姿を消す。だが、イザナギはイザナミがあれほど禁止したにもかかわらず、待つことができず見てしまう。

すると、そこには、体中に蛆がたかり、体の八ヶ所からどろどろと雷神が暴れている変わり果てた妻の姿があった。イザナギは恐怖し驚愕して逃げ帰る。妻は自分の最も恥ずかしい姿を見られたので、約束を破ったことを許すことができず怒りに満ちて夫を追いかけ、この世とあの世の境の岩場で、激しい絶縁の言葉を投げつけ合う。イザナミは恨みをもって、「あなたの国の人間(人草)を一日に千人殺す」と激烈な呪いの言葉を投げつける。対して、イザナギは、「それでは、一日に千五百の産屋を建ててみせよう」と応える。つまり、千人の殺害に対して、千五百人の出産を約束し、一日に五百人の新たないのちを世界に誕生させようとやり返し、イザナギ・イザナミの夫婦神の断絶と絶縁の別離譚が語られるのである。

その後イザナギは、黄泉国で死の汚れを祓うために、筑紫の日向の橘の小戸の阿波岐原で禊する。その禊の最後に、左目を洗うと天照大御神、右目を洗うと月読尊、鼻を洗うと須佐之男命が現れ、この三柱の神を「三貴子」とし、それぞれに、高天原と夜食国と大海原を治めることを命じ、世界の三分治が始まった。ここに、生と死をめぐる『古事記』の神話知の表出がある。

神話とは、宇宙や人類や文化の始まりを物語る根源的な物語である。神話は、われわれがどこから来てどこへ行くのか、いのちの始まりとその行く末を告げる。「ケア」という問題を考える時、このような日本最古の神話知を検討することは、迂遠な回り道に見えるかもしれないが、いのちの本源に立ち返って物事を考えてみるための必要な一回路となるだろう。

この神話知の考察によって明確になるのは、日本列島という日本の国土が神々の子どもであり、それぞれに神名と地域特性や性格を持ち、魂も体も持ついのちであるという捉え方である。このような『古事記』の国生み・神生み観が、仏教が伝来して日本化していく際に出てきた天台宗の「草木国土悉皆成仏」という天台本覚思想の生命思想にもつながってくる。つまり、草木も国土もみな元々「神の子ども」なのだから、本来神性を持っている、そこで本来的に仏性を持ち、成仏することができるし、それ以前に、本来「ほとけ」であるといえる。この神話知から、そのような「いのち」観を引き出すことができよう。

4　甦って、国作りした神

さて、次の主要課題に戻ることにしよう。

この二度も「殺害され続けた神」は、しかし、二度も甦ることができた。本章の2に述べたように、再生する神、それがオホナムヂの特性である。そしてそれが可能となるのは、母神たちの救けがあったからである。オホナムヂは自力で再生できたのはない。すべて、他力で再生させられた。

この点では、オホナムヂ＝大国主神は、エジプト神話のオシリス（Osiris）と酷似する。第一に、オシリスは生産の神で人々に小麦やパンやワインの作り方を教えた。この点、医療神とも国作りの神として尊崇される大国主神の功績や神徳と共通する。第二に、知恵の神のトートの助けを借りて国土を豊かにしていくところが、小名彦命の力を借りて国作りをした大国主神と共通する。第三に、オシリスは弟のセトに殺されて遺体をバラバラにされてナイル川に投げ捨てられるが、妹にして妻であるイシスによって拾い集められて復活する。それに対して、オホナムヂは兄神たちに二度も殺されたが、母神たちによって焼き殺された体を貝の中に入れて「母の乳汁」を注入されたことにより生き返った。この甦る神、再生する神である点が共通する。第四に、オシリスは冥界の王となるが、大国主神は天孫ニニギノミコトに「国譲り」をして「幽世《かくりよ》」の神となる点が共通している。オシリス神と大国主神との比較神話学的研究はそれ自体大変興味深い問題であるが、ここではこれ以上は論及しないが、死と再生の神や幽冥界の神であることの共通点を特に重視しておきたい。この「甦る神」としての神性はエジプト神話のオシリス神と共通し、おそらくはその神話素は『新約聖書』の中のイエス・キリストの復活の伝承にも影響を与えていると思われる。

一度目の殺害は、その主な原因は兄弟神たちの嫉妬である。そして殺害方法はだまし討ちのような焼死と圧死の組み合わせであった。兄弟神たちは、猪を追いかけるから下で待っていて射止めろと脅し、上から真っ赤に焼けた大石を転がり落としたのである。オホナムヂはまんまとその策略に引っかかって下敷きになり、焼け死んでしまった。それを母神の刺国若比売《さしくにわかひめ》と神産巣日之命《かみむすひのみこと》と蚶貝比売《さきがひひめ》と蛤貝比売《うむぎひめ》が協力して甦らせた。

二度目の殺害は、兄弟神たちの再度の策略に騙され、山の中に引き入れられ、大木を切り倒して木に茹矢《ひめや》のくさびを挿し込まれて圧死させられた。それをふたたび刺国若比売たちが甦らせた。

これらの殺害方法はきわめて残虐である。世界中の兄弟殺しの神話の中でももっとも残虐な殺害方法であると言えるのではないか。

だが、それでも、二度とも母や祖神や女神たちの力で甦った。この救けられる神としての徹度において、大国主神ほど鮮烈な物語は少ない。こうして、終には、須佐之男命のいる根の堅洲国に行くこととなった。

このようにして、二度甦ることのできたオホナムヂは根の国に赴いた。そしてそこで、一人前の神となり、父祖神のスサノヲから「大国主神」の名を授けられることになる。

この時、大国主神は根の国で須佐之男命に過酷な試練と課題を課されるが、それらを悉く須佐之男命の娘の須勢理毘売《すせりびめ》の好意と助けによって切り抜けることができ、イニシエーションを達成し、須佐之男命の持つ「生太刀《いくたち》・生弓矢《いくゆみや》・天詔琴《あめののりごと》」と呼ばれる三種の神宝とスセリビメを獲得することができた。その証に、須佐之男命はオホナムヂに「これから大国主神とも宇都志国玉神《うつしくにたまのかみ》とも名乗り、娘の須勢理毘売を正妻として大地の底まで届く太い宮柱を建て、高天原にも届く千木を高々と聳え立たせた立派な宮殿を造って国の大王となれ」と承認と祝福を与えたのである。

かくしてオホナムヂは、「大国主神」と名を変えて出雲に戻り、兄神たちを懲らしめて国を平安に治めた。須佐之男命から得た生太刀と生弓矢は勇敢な大国主神の武力を表わし、天詔琴は歌を歌い、神言を奏上して神の心を和らげ癒す言霊力を表わす。こうして、知恵と力と歌によって大国主神は立派に出雲の国を治め、歌の力を借りて色好みの神としてたくさんの恋をし、一八〇柱(『日本書紀』では一八一柱)もの子神たちをもうけ、出雲の国を豊かにし、国作りの神となって繁栄させたという物語となる。

この波乱万丈のストーリーは、面白くもあるが、大変深い意味がある。なぜならば、オオナムヂは、まず母サシクニワカヒメに助けられ、また先祖のムスヒの神やキサガヒヒメやウムギヒメに助けられ、さらには妻となったスセリビメに助けられ、ネズミにもスクナビコナに助けられ、あらゆるものたちに助けられておのれを完成し、「国作りの神」となっていったからである。したがって、大国主神は、紛うことなく、さまざまな力を引き出しつないでいくコーディネーター、つまり「縁結び」の神なのである。大国主神は、自力ではほとんど何も達成したようには描かれず、すべて他力を得て危難を切り抜け、国作りという大業を達成したということになる。

こうして、古来の神道のいのち観を考える時、「むすひ」と「修理固成」と、医療神にして再生し、幽世の神となる大国主神のはたらきとワザは、大変大きな意味と力を持っているのである。『古事記』における死と再生の物語については、もう一つ、天の岩戸神話を取り上げなければならないが、これについては拙著『古事記ワンダーランド』(角川選書、二〇一二年)などで何度も述べているので、ここでは天の岩戸の前で神々の行なう神事が死と再生、すなわち生命力の更新ないし「たまふり・たましづめ」としての祭りと神楽の始まりを告げる物語であることを確認し、加えて、その神事・神楽がやがて、「天下の御祈祷」もしくは「福寿増長」のワザとしての能＝申楽になっていったことだけを確認しておきたい。

5　国譲りした神

だが、にもかかわらず、母神たちの偉大なる神秘の力で二度も再生し、父祖神須佐之男命に国治めを命じられた大国主神は、「国譲り」という理不尽な行為に出る。『古事記』には、大国主神という葦原中国の統治者である「大国の主の神」がせっかく一所懸命に「国作り」した国を「天照大御神」の孫のニニギノミコトに「国譲り」をするという考えられないような行動に出るのである。

だとすれば、天照大御神は二宮尊徳が彼の主張する道徳律の「推譲」の道を開いた神などではなく、「国奪い」の道を指令した神ということになる。一般には「略奪」とか「征服」とかになるはずであるが、しかし、そのいずれでもなく、『古事記』では「国譲り」という特異な〝和解策〟が編み出されたことになっている。だとすれば、大国主神の「国譲り」とはどのような精神性と思想性を内包しているのか？　それが問題となるだろう。

普通、このようなことが起りえるだろうか？　「国譲り」などという事態が。いや、起こりえない。考えることができない。

だとすれば、これは極めて稀なるケースである。だがそれは、その後の日本の歴史の平和交渉と平和実現の原型的モデルとなった。この大国主神の「国譲り」が神話的モデルとなって、「大政奉還」を経て明治維新の時も、昭和二十年八月十五日の敗戦時の際も、一種の「国譲り」が行なわれたと言える。そしてそれはいい意味でも悪い意味でも日本の平和主義の特殊性を示すものと捉えることができる。

大国主神は極めて日本的な神である。スサノヲが戦うアグレッシブな戦士的な普遍的英雄神であるとするならば、大国主神は、その反対に、自らは戦わない神、戦わずに和解や和睦を生み出す神である。そしてそれが、「縁結び」の神とされる原基的な理由ともなる。自らの意思決定と主体性によって成し遂げる神ではなく、さまざまなものの助けと協力によって国土開拓の大事業である「国作り」を成し遂げ、大いなる和と協調を生み出す神、戦いによって奪い取るのではなく、耕作と協調によって和楽の世界を築き上げる神、そのような神性・神徳を持つ神が出雲の神・大国主神である。

たとえば、『広辞苑』には、「国譲り」の語句説明として「①記紀神話で、天照大神の神勅によって大国主神が国土を皇孫にゆずり隠退したこと。②天皇の譲位」と記されているが、実は『古事記』にも『日本書紀』にも「国譲り」という言葉そのものは出てこない。だから、「国譲り」という言葉は『古事記』や『日本書紀』自体の事態説明語句ではなく、後の神話解釈上の概念で、そこで実際に記載されているのは「献」とか「立奉」とかの言葉である。この点は留意しなければならない。

ここで『古事記』の「国譲り」の段を少し詳しく検討してみることにしよう。

① 天照大御神が「葦原中国《あしはらのなかつくに》」をわが子の「天忍穂耳命《あめのおしほみみのみこと》」が「知らす（統治する）国」と定め、派遣を命じたが、天の浮橋に立って下界を見ると、「いたく騒《さや》ぎてあり」というありさまだったので別の神が派遣されることになった。

② そこで高御産巣日神と天照大御神は八百万の神々を集めて、誰を派遣して「言趣《ことむ》け」すべきかと問うたところ、「天菩比命《あめのほひのみこと》」がよいということになったが、派遣された天菩比命は大国主神に媚びつき、三年が過ぎても復奏しなかった。

③ そこでまた高木神（高御産巣日神）と天照大御神が次にどの神を派遣すべきかを問うたところ、次は「天若日子《あめのわかひこ》」がよいということになり、天若日子に天之麻迦古弓《あめのまかこゆみ》と天之波波矢《あめのははや》を

授けて葦原中国に遣わしたが、天若日子は大国主神の娘の下照比売《したてるひめ》と結婚し、八年が過ぎても復奏しなかった。

④そこで天照大御神と高御産巣日神がまた次はどの神を派遣して復奏しない理由を訊ねたらよいかを問うたところ、「雉鳴女《きざしのなきめ》」がよいということになり、理由を訊いてくるよう命じたが、天若日子は天の神から授けられ天之麻古弓と天之波波矢を使って雉鳴女を射殺し、その矢が高天原まで飛んで行ったので、高木神（高御産巣日神）は血塗れの矢を下界に投げ返すと、矢は天若日子に当たり、天若日子は死んでしまう。

⑤そこでまた天照大御神が次は誰を派遣するとよいか問うたところ、「建御雷之男神《たけみかづちのをの》」がよいということになり、建御雷神《たけみかづちの》と天鳥船神《あめのとりふねの》を派遣し、交渉に当たらせた。

⑥こうして建御雷神と天鳥船神は、出雲国の伊那佐《いなさ》の小浜に降り立ち、大国主神に「葦原中国は天照大御神の子孫の統治すべき国である」と国を明け渡すことを迫った。大国主神は息子の事代主神《ことしろぬしの》に訊ねると事代主神は「この国は天つ神の御子に立奉《たてまつ》らむ」と承服し、船を傾けて天の逆手を打って神霊の籠る青柴垣《あおふしかき》に化して海の中に没し隠れた。

⑦だが、もう一人の息子の建御名方神《たけみなかたの》はすぐには承服せず、「力競べ」をしようと建御雷神の手を掴んだところ、その手はつららとなり、剣と化し、建御雷神は建御名方神の手を握り

潰し投げ飛ばしたので建御名方神は逃走し、科野（信濃）国州羽（諏訪）の海まで逃げて、「この葦原中国は、天つ神の御子の命の随《まにま》に献らむ」と、その地から出ないことを約束した。

⑧そこで、建御雷神は出雲に戻り、再度大国主神に明け渡しを迫ると、大国主神は、「僕子等二神随白、僕之不違。此葦原中国者、随命既献也。唯僕住所者、如天神御子之天津日継所知之登陀流、天之御巣而、於底津石根宮柱布斗斯理、於高天原氷木多迦斯理而、治賜者、僕者於百不足八十坰手隠而侍。亦僕子等百八十神者、即八重事代主神爲神之御尾前而仕奉者、違神者非也。（僕《あ》が子等《こども》、二はしらの神の白す随に、僕は違《たが》はじ。この葦原中国は、命の随に既に献らむ。ただ僕が住所《すみか》をば、天つ神の御子の天津日継《あまつひつぎ》しらしめす、とだる天の御巣如して、底つ石根に宮柱ふとしり、高天の原に氷木たかしりて、治めたまはば、僕は百足らず八十坰手《やそくまで》に隠りて侍ひなむ。また僕が子等、百八十神は、すなはち八重事代主神、神の御尾前となりて仕へ奉らば、違ふ神はあらじ。）」（倉野憲司読み下し、岩波古典文学大系本）と、国土献上（国譲り）を約束したが、その際、「住所」として「天神の御子」が住むのと同じほどの巨大な宮殿を建てることを交換条件とした。

⑨そこで、出雲の多芸志《たぎし》の浜に巨大な宮殿「天御舎《あめのみあらか》」を建てて「天《あめ》の御饗《みあえ》」を奉った。

⑩かくして、ようやくにして建御雷神が葦原中国平定をし終えて、「葦原中国を言向《ことむ》け和平《やわ》し

つる状《さま》」を高天原に復奏した。

『古事記』は以上のような「国譲り」の経緯を大変具体的に詳しく物語っている。このくだりの具体的記述は実に面白くも生々しい。なぜ高天原の神々は「葦原中国」の統治を指令したのか？この天照大御神や高御産巣日神（高木神）や思金神《おもいかねのかみ》など「天つ神」の超越的な命令は先住の「国作り」の神々にとっては寝耳に水の「国盗り」の行為ではなかったか？

だが、その「命」と行為は、「言趣《ことむ》け」とか、「言向《ことむ》け和平《やわ》す」とかと呼ばれている。これは何を物語っているか？「国」の「譲渡」は武力闘争によって奪い取ったものではなく、あくまでも外交交渉によって平和的に「譲」り受けたものであるという意思表明であり、その政治神学的意味付けである。問題はこの時の大国主神の態度と行為である。彼はある意味で理不尽なこの「命」に対して武力行使をして「防衛」しなかった。そして、自分の意思表示を後回しにして、二人の子供たちの意思を確認し、それを踏まえて、「命の随に既に献らむ」と国土献上を約束し、その交換条件として「天御舎」つまり後の出雲大社（杵築大社）の創建を確約したのである。『古事記』には須佐之男命の伝承以上に詳しく「国作り」の神である大国主神のことが記録されている。だが、「正史」である『日本書紀』には、その大国主神の記事はほとんどない。その

「大国主神」という名前さえ、『日本書紀』神代上第八段第六の「一書曰」の中に、「一書に曰く、大国主神、亦は大物主神と名《もう》し、亦は国作大己貴命《くにつくりおほあなむちのみこと》と号《もう》し、亦は葦原醜男《あしはらのしこを》と曰しく、亦は八千戈神《やちほこの》と曰し、亦は大国玉神と曰し、亦は顕国玉《うつしくにたまの》神と曰す。其の子凡て一百八十一神有《ま》す。」（訓読、小学館日本古典文学全集本）とあるだけで、それ以外の箇所では一切使われず、『日本書紀』では「大己貴命」で一貫されている。したがって、『古事記』では「国作り」の神とされるが、『日本書紀』ではそのような位置付けも功績も認められない。わずかに第六の一書に「天下経営」したことが小さく記されているのみである。だが、『出雲国風土記』では大きく一貫して「所造天下《あめのしたつくらしし》大神《おほかみ》大穴持《おほあなもちの》命」が使われている。

　このように見てくると、出雲神話の位置が『古事記』にのみ特有の詳細さがあり、そこで「言趣（向）け和平す」という特殊政治神学的用語が使われていることもわかる。その特殊性を踏まえた上で、この戦争回避の「言向和平《ことむけやわし》＝国譲り」が持つ「和平」の思想性について考えてみたい。『古事記』の出雲神話は二人の特異なキャラクターによって構成されている。須佐之男命と大国主神である。前半部は、暴力的でアグレッシブでトリックスター的な須佐之男命が主人公である。そこでさまざまな形の「暴力」が表現される。須佐之男命はそこでは最大最高の暴力の持ち主であり、破壊要因である。そしてその最大暴力ないし破壊要因が八俣大蛇を退治して「和歌＝短歌」を詠む。この「和歌」こそが「言向和平」の伏線である。

高天原で乱暴狼藉をはたらいて追放された須佐之男命は出雲の地に降り立ち、八俣大蛇《やまたのおろち》を退治してわが国最初の短歌「八雲立つ　出雲八重垣　妻籠みに　八重垣作る　その八重垣を」を作って歌う文化英雄神となった。須佐之男命に退治される八頭八尾の怪物八俣大蛇は、眼が真っ赤でその身体には苔《こけ》、檜《ひのき》、杉が生い茂り、その身の丈は八つの谷にまたがるほどの巨大さで、年毎にやって来ては麗しい乙女を食い殺す。そのさまは恐ろしく巨大な怪物で、『風の谷のナウシカ』の「巨神兵」のような巨大暴力を出力する戦争マシーンのような存在である。その巨大暴力を封じ込めて、歌を歌って平安の世界を生み出したのが須佐之男命であるとすれば、平和神の一神として須佐之男命を挙げることもできる。

だがその前に、須佐之男命自身、幼少期から啼き叫び続け、青山を枯山になし、海の水を干上がらせる巨大暴力神でもあった。だから、口や尻から食べ物を差し出した大気都比賣《おほげつひめ》を穢れているると殺し、八俣大蛇も酒を飲ませて殺してしまう須佐之男命は、一面、日本神話の中で最も暴力的で残虐な神である。「荒ぶる神」「ちはやぶる神」の典型でもある。実際、『日本書紀』では「素戔嗚尊《すさのをのみこと》」は「無道」とか「性残害」とか「性悪」とかと悪神的に記されている。

だが、この凄まじい荒ぶるエネルギーにあふれた須佐之男命と大国主神はまったく違う。『古事記』の出雲神話の後半部はこの大国主神が主人公となる。須佐之男命が殺害する神であるのに対して、大国主神は殺害される神である。先に見たように、二度も兄弟神たちの嫉妬により殺害され、そのつど母や御祖のムスヒの神の力で甦った。このように、まったく対照的な神性を持つ二神が出雲神話の主人公であるというのも大変興味深いことである。

大国主神は『古事記』では須佐之男命の六世の子孫とされ、『日本書紀』本文では実の子神とされる。どちらにせよ、出雲大社（杵築大社）の主祭神となる。そもそもこの出雲という地は、高天原から降りてきた天孫一族（天皇家の祖先）やそれを支える「天つ神々」に対して、先住土着の「国つ神々」の最大の拠点地であった。そしてその「国つ神々」を束ねる「ヌシの神」が大国主神であった。

大国主神は、先に指摘したように、『古事記』では五つの別称を持ち、少名毘古那の神と協力して「国作り」に励み、国土開発と「天下経営」を行なったが、最後には天から降りてきた天孫族（天皇家の祖先神）にその「国」を「立奉＝献」じ「譲」った。日本はこの大国主神の「国譲り」による天つ神々と国つ神々の協定によって成立した「国」である。そして、その「国譲り」の一種の見返りないし返礼として、出雲に日本一の巨大神殿である杵築大社（出雲大社）を建てたが、それだけではない。『古事記』は「天御舎《あめのみあらか》」である杵築大社の創建を詳しく記すが、『日本書紀』神代下第九段第二の「一書曰」には、次のような別伝承が記されている。

二神（経津主神《ふつぬしの》と武甕槌神《たけみかづちの》）、出雲の五十田狭《いたさ》の小汀《おはま》に降到《くだりいた》りて、大己貴神に問ひて曰はく、「汝、此の国を以ちて天神《あまつかみ》に奉らむや以不《いな》や」とのたまふ。対へて曰さく、「疑はくは、汝二神、是吾が処に来ませるには非じ。故、許すべからず」とまをす。是に経津主神、還昇《かえりのぼ》り報告《かえりこともう》す。時に高皇産霊尊《たかみむすひのみこと》、乃ち二神を還遣《かえしつかわ》し、大己貴神に勅《みことのり》して曰はく、「今者《も》し汝が所言《もうすこと》を聞くに、深く其の理有り。故、更に条々《をちをち》にして勅せむ。夫れ汝が治らす顕露之事《あらわなること》、是吾が孫治《し》らすべし。汝は以ちて神事《かくれたること》を治らすべし。又汝が住むべき天日隅宮《あまのひすみのみや》は、今し供造《つく》らむ。即ち千尋《ちひろ》の栲縄《たくなわ》を以ちて、結びて百八十紐《ももやそむすび》とし、其の造宮《みやつくり》の制は、柱は高く太く、板は広く厚くせむ。又田供佃《みたつく》らむ。又汝が往来《かよ》ひて海に遊ぶ具の為に、高橋・浮橋と天鳥船も供造らむ。又天安河にも打橋を造らむ。又百八十縫《ももやそぬひ》の白楯を供造らむ又汝が祭祀《まつり》を主《つかさど》らむ者は、天穂日命是なり」とのたまふ。是に大己貴神報《こた》へて曰さく、「天神の勅教《みことのり》、如此慇懃《かくねもごろ》なり。敢へて命に従はざらむや。吾が治らす顕露事は、皇孫治らしたまふべし。吾は退《さ》りて幽事《かくれたること》を治らさむ」とまをす。乃ち岐神《ふなとのかみ》を二神に薦めて曰さく、「是、我に代わりて従へ奉るべし。吾は此より避去《さ》りなむ」とまおし、即ち躬に瑞の八坂瓊《に》を被《とりか》けて長《とこしえ》に隠りましき。（日本古

典文学全集本、岩波書店）

注意すべき記述であり、異伝承である。ここに一つの分治的な契約が交わされているからである。天の神の命を受けた経津主神《ふつぬしのかみ》と武甕槌神《たけみかづちのかみ》は大己貴神《おほなむちのかみ》（大国主神）に「国譲り＝国土奉献」を迫る。その時、大己貴神は一度はその脅迫じみた居丈高で唐突な申し出を断っている。当然とも思える反応である。だが、そのことを復命して再度交渉に臨み、交換条件を提示された時には異なる反応をした。それは現在大己貴神が統治する「顕露之事＝天下経営」を「吾孫」に任せ、これから「神事」を治めてくれれば立派な「天日隅宮《あめのひすみのみや》」を建造し、田を作らせ、遊ぶための橋も船も作り、祭祀者として天穂日命《あめのほひのみこと》を任命するという条件の提示であった。大己貴神はこの条件を呑み、「岐神《ふなとのかみ》」を自分に代わって仕える者として推薦し、これからは「幽事」を治めると言って「隠れ」退いた。

『日本書紀』神代下第九段第二の一書はさりげなくこの統治者交代劇を記録する。『日本書紀』本文ではなく、第二の一書として。これはいったいどのような編纂意図によるものだろうか？ここに記録されている統治者の交替は一種の政権交代であるが、単なる権力交替ではない。武力革命でも戦争でもない。あくまでも外交的な交渉により条件を提示する形で世界の治め方を分割・分治するという契約的和睦である。『日本書紀』にはないが、『古事記』はこの交渉過程を「言向和平《ことむけやわし》」と記した。

もしここで、大国主神が天孫族と戦っていたらどうなったか？　激烈な戦争が起こり、多数の死者が出て、双方が多大なダメージを受ける。勝利者の権力が発揚され、敗者は滅亡するか、生き残っても深い反目と憎悪が残り、末代までその負の感情は伝えられる。そのような負の感情の残り方を避けるための方策として、神殿建築と祭祀と饗応と「神事＝幽事」の分担・分治は、もう一つの生き延び方、生存戦略を示すものであったと言えるかもしれない。

これはいわゆる戦争ではない。同時に、いわゆる和睦でもない。巧妙な詐術とも疑われるかもしれない微妙な提携と棲み分けである。日本の最古のテキストには、そのような極めて評価の困難な微妙な「和平」のあり方が記されているのである。

それにしても、杵築大社の巨大さには驚かされる。その大きさは、神社建築としては奇想天外なほどの高さである。一番初めは三十二丈、つまり約九十七メートル近い高さの社殿だったというのだから。それが平安中期に半分の十六丈、約四十八メートルに建て替えられた。そしてさらに江戸時代には現在と同じその半分の八丈、約二十四メートルに建て替えられたという。つまりだんだんと半分の大きさに縮小されてきたというわけだが、この間に何度も地震や強風で倒壊したことが記録されている。世界の古代の巨大建造物の中でもとびきり不安定な構造体がこの出雲神殿であろう。その奇妙さは郡を抜いている。そして同時に、「国譲り」という「言向和平」の奇妙さも理解を超えている。

この出雲で、平安時代以降に、十月「神無月《かんなづき》」を特別に「神有月《かむありづき》」と呼ぶ風習が広がっていった。そして毎年旧暦の十月には日本国中の神々が出雲の地に集まって一年間の計画を練ると考えられるようになった。そこで出雲だけ十月を「神有月」と呼び、その他の土地では「神無月」と呼んで区別した。誤解を招く言い方かもしれないが、大国主神の生存戦略は間違っていなかったと言えるかもしれない。隠れて末永く生き延び、「縁結びの神さま」として尊崇されるようになったのだから。そして、平成二十五年（二〇一三）の六十年ぶりの「平成の大遷宮」にはこれまでにない多数の参拝者で賑わったというのだから。大国主神の「御神徳」には測り知れない「幽事・神事」の深遠があるといえる。そこに大国主神の「スピリチュアリティ（霊性）」が貫流しているともいえる。

だが、このいわゆる「国譲り神話」は日本人の「スピリチュアリティ」ばかりではなく、さまざまな場面での意思決定や態度表明のあり方に微妙で決定的な影響と原型的な制約を与えたともいえる。その一つが幕末・明治維新期の「大政奉還」という政治決着であり、もう一つが太平洋戦争の敗戦の際の「無条件降伏」というポツダム宣言受諾の形である。かくして、前者を第二国譲り、後者を第三国譲りとして、日本の歴史を貫く「国譲り」のありようと「和平」や「平和」の作り方を仔細に検証しなければならないのである。(5)

6　痛みとケアの神としての大国主神

最後に、現代的な思想課題として「ケア」の観点から大国主神を位置付け直してみたい。本論冒頭で列挙した「苦しむ神」や「助ける神」すなわち医療神の神性や神徳は、直接的にケア論に結びついてくる。また、「国作りの神」という開発神の性格や「譲る神」としての行為や「幽世の大神」としての特性はみなガバナンス(世界統治)論につながり、現代的な観点からの考察の対象ともなる。

このように見てくると、本論の立場でもある大国主神への現代思想的・現代神道神学的アプローチとして次の四点を示すことができるだろう。

①ケア論の観点から……医療と看護とケア（助ける神が助けられる神と成る）と死生観形成
②エコロジー論の観点から……「持続可能な」国作り
③ガバナンス論の観点から……持続可能な統治と分治（参照：ジル・ドゥルーズの『アンチ・オイディプス』『千のプラトー』における「脱領土化」論との接点[6]）
④アート論の観点から……歌う神（『古事記』上巻の中でも最も多く歌を歌う神[7]）
これらの総論的な視点を踏まえて、ここでは主に、①の「痛みとケアの神としての大国主神」の像に迫ってみたい。

すると、『古事記』の中で、大国主神ほどの痛みや喪失を経験しながら、この神はほとんど自分の感情を表出していない神であることが特異なことのように思える。大変過酷な災難と状況に次から次へと巻き込まれながら、伊邪那美命や須佐之男命のように自身の負の感情を表出することがない。ただ一回だけ、少名毘古那神が常世国に渡っていって一人になった時に、初めて心細げに、「吾独して何にかよくこの国を得作らむ。孰れの神と吾と、能くこの国を相作らむや」と、国作りの大業を「独り」で成し遂げていくことの不安を心細げに漏らすのみである。

しかしこの時も、海上に「海を光して依り来る神」が現われて、「よく我が前を治めば、吾能く共與に相作り成さむ。若し然らずは国成り難けむ」と、自分を祀ればうまく進むと力づけを与えてくれた。そこで、それではどのように「治めたら」（お祭りしたら）よいかを訊ねると、その不思議な神霊は、「吾をば倭の青垣の東の山の上に拝き奉れ」と教えてくれたので、それを「御諸山」（大和の三輪山）に祭ったと記載されている。

このように、次々と援け（救け、助け）が得られることにより、困難は悉く解決されていく。興味深いのは、問題の困難さに対して、大国主神がその不安や傷みの感情を表出することはほぼない点である。もちろん、これは古典的な伝承的物語の編纂であるわけだから、近代以降の小説のような主人公の心理描写がないとしてもおかしくはない。

だが、『古事記』では、オホナムヂすなわち大国主神が登場するまでにそれまでの伊邪那岐・伊邪那美命や須佐之男命の心の内がじつに生々しく表現されていた。その『古事記』の表現のタッチからして、大国主神の心情表現がさらにあってよいとも思われるところだが、それは一切ない。ということは、あえて言うなら、大国主神の心情は故意に隠されているということになる。隠蔽された心情として、消極的にのみ暗示されているということだ。

しかし、大国主神の状況を考えると、これは、グリーフケアやスピリチュアルケアの領域において、キャサリン・シア（Katherine Shear）らによって提唱された「複雑性悲嘆」（complicated grief）に見舞われてもおかしくはない事態である。次から次へと災難に見舞われながら、休む間もなくその災難に立ち向かっていくのだから。

「複雑性悲嘆」ないし「遷延性悲嘆障害」(prolonged grief disorder)とは、深い喪失感による悲嘆反応が半年以上続いて生活に深刻な影響を及ぼす状態を指し、メンタル面でのうつや自殺念慮、フィジカル(身体)面での高血圧や心疾患に影響するとされている。

大国主神が少名毘古那神を失って(あるいは喪って)独り悄然と海辺に佇んでいた時の心情がまさにそのような複雑性悲嘆に暮れるような事態だとも言える。大国主神は、しかしそうした心情の心内を吐露することなく、さらなる困難に突き進んでいく。そして、最大の困難が「国譲り」である。国を失った者の心情の孤独と後悔と愛惜の念は想像するだに複雑性悲嘆の渦の中にあることだろう。大国主神は、それゆえに、複雑性悲嘆を蔵したそれを理解し、受容する神と成る。人々が「縁結びの神さま」に託す心情のいくつかは、そのような表現しがたい困難さそれ自体を受け容れるものである。

このことをさらに進めて、ナラティブアプローチの現代的研究と結びつけて考えてみたい。

物語論的転回を経て、病をめぐるナラティブ研究が進み、ハーヴァード大学医学部社会医学主任教授を務めたアーサー・クラインマンの『病の語り——慢性の病をめぐる臨床人類学』(江口重幸他訳、誠信書房、一九九六年、原著一九八八年)は、この分野の画期をなす著作であった。その後、長らくカナダのカリガリー大学教授を務めた医療社会学（medical sociology）のアーサー・W・フランクは、みずから心臓発作とガンを体験したことから、「病の語り」についてのより踏み込んだ研究を展開し、『傷ついた物語の語り手――身体・病い・倫理』（鈴木智之訳、ゆみる出版、二〇〇二年、原著一九九五年）を著した。その中で、フランクは「病いの語り」を、①「回復の語り（restitution narrative）」、②「混沌の語り（chaos narrative）」、③「探求の語り（quest narrative）」に三類型化している。そして、健康を取り戻すという筋書きを持つ「回復の語り」と苦しみのさ中を生きている筋書きのない「反―語り（anti-narrative）」的な「混沌の語り」に対して、患者が苦しみに立ち向い、旅立ち・イニシエーション・帰還という三つの過程を辿るイニシエーション的な「英雄の旅」を「探求の語り」として理想化した。須佐之男命や大国主神の物語はまさにこの範疇のナラティブと対応する。

フランクは、ここでジョセフ・キャンベルの『千の顔を持つ英雄』（平田武靖他訳、人文書院、二〇〇四年、原著一九四九年）に描かれた英雄モデルのイニシエーション論、すなわち、①出立（旅立ち）、②イニシエーション（試練）、③帰還を引き合いに出しながら、「病の語り」の三類型の中でも、特に「探求の物語」を重要視した。

これは出来事からメッセージ（しるしや意味）を受け取る物語的探求と言い換えることができ

る。フランクは次のように述べている。「キャンベルが英雄の旅のために立てた出立・イニシエーション・帰還という図式は、探求の語りの構造を描きだす上でうまく機能する。ここでさらに手がかりとすべきポイントは、英雄という概念にある。病む人は、自らをいかなる「英雄」とするのだろうか。病の物語は、たくさんの「私は……を克服した」という物語を含んでいる。この克服のヒロイズムは、脱近代の分水嶺の近代主義の側に位置している。キャンベルの脱近代主義的な主張は、モリスがニーチェについて語ったことを反復する。すなわち、キャンベルの言う英雄とは、苦しみを経験するための新たな方法を見いだす者なのである」(前掲訳一六八頁)。

病をきっかけとして新しい旅＝探究が始まる。そして、自他をともに励まし、よりよく生きる道標となる。そしてそのようなイニシエーション的な探究の旅を、フランクは「菩薩的英雄の物語」と言い、また身体論のレベルから「伝達する(コミュニカティブ)身体」とも類型化する。

フランクは、人が病という問題状況に陥った時に、身体は種々の抵抗(resistance)を示すと言う。そして、コントロール(統制)、欲望、他者との関わり、自己の身体との結びつきという四つの指標を設定して、①規律化された身体、②支配する身体、③鏡像的身体、④コミュニカティブな身体、の四身体類型をモデル化した。それらは、①統制に対して強い規律で反応するか、よりフレキシブルな偶発性や自由度を持つか、②欲望を産出するか、欠落させるか、③他者に開かれているか、閉じられているか、④自己の身体と結びついているか、分離しているか、で測定され、それに基づく座標化により、四身体類型を分類したのである。

こうして、フランクは、①偶発性を生命の基本的なものとして受け入れつつも、②欲望を産出しつづけて、しかも、③他者に開かれて同胞関係を結び、④自己と自己の身体がとも結びついているという身体のありようをもっとも理想的な「コミュニカティブな身体」と定位した。つまり、自己にも他者にも開かれた身体ないし身体行為である「伝達的（コミュニカティブ）な身体」を最高度にポジティブな身体行為的位相と定位したわけである。

大国主神の「身体」は彼一人のものではなかった。それは、母神たちの救けで二度も復活を遂げたからで、その意味でその身体は他者に開かれ、他者とともにあり、他者に向き合っている。徹底的にとことん他者性に直面した神ということになる。その意味で、大国主神はまさにこの「コミュニカティブな身体」の持ち主である。そして、その典型的な神話でもあると言える。その身体は偶発性を受け容れて再生した。しかし、次なる欲望（愛や国作りなど）を産出しつづけ、つねに他者とともにあった。そして、他者に国さえ明け渡したのである。この「コミュニカティブな身体」を持つ神が「大黒様」として人々のさまざまな欲望を受け容れ、ご利益をもたらすと信仰されていることには、必然的な心理と文化と経緯があるのだ。

フランクのこの原著の刊行は、日本では阪神淡路大震災と地下鉄サリン事件〜オウム真理教事件のあった一九九五年である。「ボランティア元年」と言われたこの年から「心のケア」が社会的注目を集め、ケアの重要性が認識され始めた。その点で、一九九五年は、米国でも日本でもケア意識の大きな高まりと深化があった年と位置づけることができる。そして、二〇一一年に東日本大震災が起き、二〇二〇年から丸三年コロナパンデミックで疲弊し、激甚化した自然災害に見舞われ続け、ウクライナ戦争やミサイルの恐怖に慄いている日々が続く。

こうした「複雑性悲嘆」がいっそう深刻化している世界状況の中で、日本神話の中でももっとも深刻な「悲嘆」的出来事を体験してきた神、すなわち大国主神の「菩薩的英雄」の「コミュニカティブな身体」を通して、その神性・神威・神格、その存在特性を考察してみることには今日的な意味と価値があるだろう。

そこで私は、まず自作の詩集『絶体絶命』の第1章を「大国主神」と題して、三つの詩篇「なぜこれほどの重荷を背負わねばならないのか?」（痛み論）、「たすけ」（対人援助論）、「国譲り」（共生論）として、叙事詩的表現を通してその神道思想や神道神学を見出していく、フランクの言うところの「探求の語り」を行ない（本書第1章に詩篇は収録）、それを踏まえて、二〇二二年十二月四日に行なわれた「神道宗教学会第七十六回学術大会」で「痛みとケアの神としての大国主神」と題する発表を行ない、それを小論にまとめた(8)。

そして、「痛み」を受け止め、その痛みに耐えるには、他者の「たすけ」がいること、また、歌や芸術や芸能による表現や浄化が必要なこと、そして、棲み分けることのできるような「居場所」を共に見出せ、安定する（鎮まる）必要があることが、本論を通して提示できるとりあえずの神道神学（個別神学）的結論である。

7　おわりに――「祟る神」としての大物主神～大国主神

実は、大国主神～大物主神は、ヤマトから見ると、非常に畏れられた「祟る神」である。そのことは『古事記』の中でも、第十代崇神天皇や第十一代垂仁天皇の事績の中に生々しく描かれている。そしてそれは、伊勢の神宮の祭祀と対抗するかのように描き分けられているのである。

崇神天皇は、「役病」が流行し、「人民死にて尽きむ」としたので、「愁ひ歎き」て「神床」に坐したところ、夜、「大物主神」が「御夢」に顕われて、「こは我が御心ぞ。故、意富多多泥古をもちて、我が御前を祭らしめたまはば、神の気起こらず、国安らかに平らぎなむ」と告げた。そこで天皇は、このお告げの通りオホタタネコ（『古事記』では意富多多泥古命、『日本書紀』では大田田根子、大物主神がスヱツミミの命の女のイクタマヨリ姫と結婚して生んだ子、神君・鴨君の祖）を「神主」として「御諸山に意富美和の大神の前を拝き祭」ったところ、「役の気悉に息みて、国家安らかに平ら」いだとある。

『日本書紀』ではさらに詳しく具体的に、崇神天皇の五年に国内に疾疫による死亡者が多数出た。ちなみに、これはわが国最初の感染症の流行の記録で、これを三輪山の大物主大神の祭祀で平安にしたのである。

翌六年には、百姓流離し、反逆したので政治が困難となり、天皇は「請罪神祇」をした。そして、この時まで、天照大神と倭大国魂を天皇の大殿の内に祀っていたが、天照大神を豊鍬入媛《とよすきいりびめの》命に「託《つ》」けて、「倭《やまと》の笠縫邑《かさぬいのむら》」に祭り、神籬を立て、「日本大国魂神」を渟名城入姫《ぬなきいりびめの》命に託けて祭らせたが、渟名城入姫命の髪が抜け落ち病気となって祭祀不能となった。

翌七年二月に、崇神天皇が神浅茅原で「八十万神」を集めて「卜問」をした。この時、倭迹迹日百襲姫命に神明が憑き、「大物主神」の神示があった。国が治まらないのは大物主神の「吾意」と出た。そこで、子の大田田根子により自分を祭ればすぐに平和になり、海外の国も「帰伏」すると告げた。同年八月七日、倭迹速神浅茅原目妙媛ら三人が、大田田根子命を以て「大物主大神」を祭る「主」とし、また市磯長尾市を以て「倭大国魂神」を祭る「主」とすれば必ず「天下太平」となるという同じ夢を見る。

こうしてようやく、茅渟県陶邑で大田田根子を探し当てた。崇神天皇は自ら神浅茅原に出向き、大田田根子にお前は誰の子かと問うと、大田田根子は「父は大物主大神、母は陶津耳の娘（また奇日方天日方武茅渟祇の娘）で活玉依媛」と答えた。そこで、同年十一月十三日、大田田根子と長尾市を祭主として大物主大神と倭大国魂神や八十万神を祀り、天社・国社・神地・神戸を定めると、疫病は収まり、国は鎮まり、五穀はよく稔ったというのが『日本書紀』の記事である。

崇神天皇の子の第十一代垂仁天皇の子ホムツワケは、「八拳鬚心の前に至るまで真事とはず」という、まさに『古事記』に記載された須佐之男命によく似た事態であったが、「夢告」により「太占占相」すると、「出雲大神」の「御心」つまり祟りであることが分かり、丁重に祭祀を行なったとある。

つまり、出雲の神は、荒ぶる祟る神としての「荒魂」の側面を持っていることが見えてくるのである。確かに、杵築大社（出雲大社）に祀られる大国主神と三輪山麓の大神神社に祀られる大物主神とはけっして単純に同一神とは考えられないが、しかし複雑微妙に複合的に関係する神

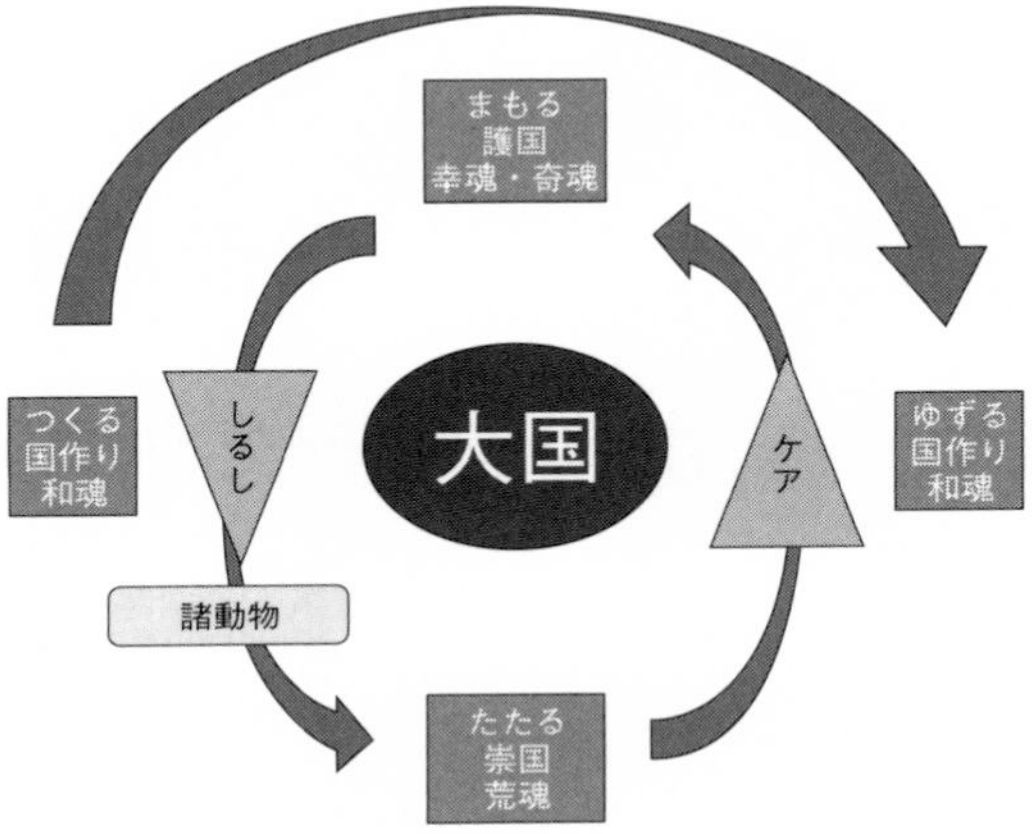

大国主神の「大国」性

霊・神格であることは間違いない。荒魂・和魂・幸魂・奇魂などの霊性において。

　こうして、出雲系神格の代表神と言える「大国主神」は、極めて立体的に「痛みとケアの神」としての神性・神威・神格・霊性を発現していることが理解できる。このような神話伝承をモデルケースとして、負の出来事や事態に対する問題解決と「探求の語り」を創出していくことには現代思想的・現代神道神学的意義と価値があると言えるのではないだろうか。

　この大国主神の「大国」性の全体構造を図で示しておきたい（上図）。

からだはうそをつかない。
　が、こころはうそをつく。
　　しかし、たましいはうそをつけない。

「からだ」は自然である。「むすひ」はその自然を生成せしめる。そして、「こころ」は人間的で、人工である。人為のはからいを持つ。見栄も外聞も張る。だから、うそをつきもすれば、夢も見る。しかし、「たましい」はそのうそを見抜く。嘘のつけない自分の根っこを示す。

「神」は、嘘をつかない体と嘘をつけない魂の両極に翼を広げ、嘘をつき続ける人間のいとなみを見ている。

註

（1）　平田篤胤は本居宣長とは異なり、真の「大倭心」を確立するためには、「霊の安定」を図る必要があり、そのためには幽冥界の研究が不可欠であると考え、『霊能真柱』などの主著を著した。『霊能真柱』の冒頭に、平田篤胤は、「この築立る柱はも、古学する徒の大倭心の鎮なり。然るは、この柱の固は底磐根に築立て、千引の石の堅固ずては、その言と言ひ為と為す。（中略）古学する徒は、まづ主と大倭心を堅むべく、この固の堅在では、真ノ道の知がたき由は、吾師ノ翁の山菅の根の丁寧に教悟しおかれつる。此は磐根の極み突立る厳柱の動まじき教へなりけり。斯てその大倭心を太ク高く固メまく欲するには、その霊の行方の安定を知ることなも先なりける」と記し、また別の箇所では、「冥府と云ふは、此顕国をおきて別に一処あるにもあらず。直にこの顕国の内いづこにも有なれども、幽冥にして、現世とは隔り見えず。故もろこし人なども、幽冥また冥府とは云へるなり。さて、其冥府よりは、人のしわざのよく見ゆめるを、顕世よりは、その幽冥を見ることあたはず」（『新修平田篤胤全集』第七巻、九三頁、名著出版、一九七七年）と述べている。つまり、死生観的な探究と確信がないと、大和心や大和魂の真の鎮まりと安定はないと考えたのである。そうした探究のまとめとして、『古道大元顕幽分属図』には、最上段に、天之御中主神・高皇産霊神・神皇産霊神のいわゆる「造化三神」が書かれ、第二段には、伊邪那岐命・伊邪那美命のいわゆる「国生み・神生み」の原父母神、第三段に、天照大御神・須佐之男神のいわゆる「三貴子」の中の対立する二神、第四段に、豊受大神・皇美麻命・大国主命を置き、皇美麻命が「顕露事」を治め、大国主命が「幽冥事」を治めることを明記し、最下段の第五段に、人草万物を配置している。ここに、平田神学の根本構造が見て取れるだろう。

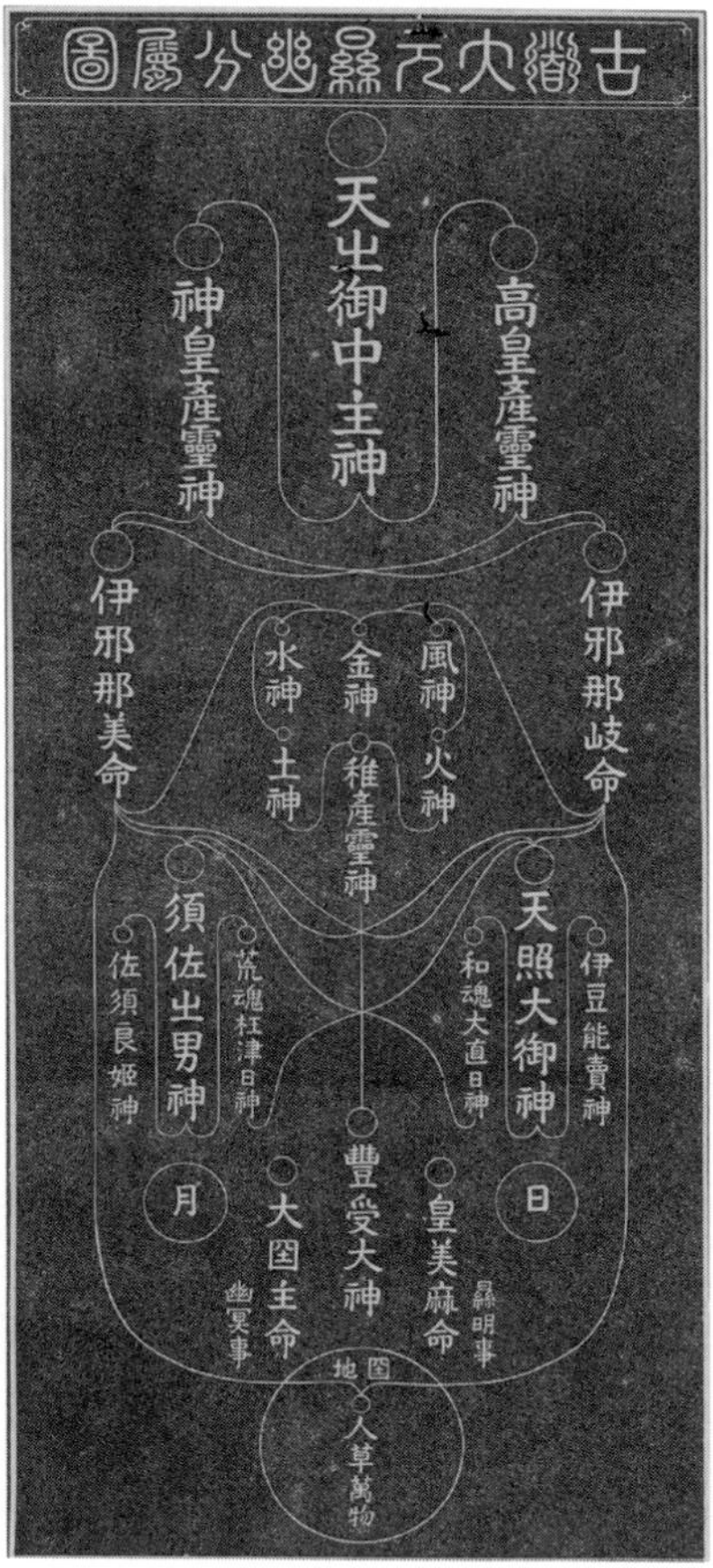

平田篤胤『古道大元顕幽分属図』（一八七〇（明治三）年制作、国立歴史民俗博物館蔵、撮影者：富野博則）

（2）　神道神学の用語を定着させたのは小野祖教である。「神社神道神学」の名を冠した小野の著作に『神社神道神学入門』（神社新報社、一九五一年）がある。上田賢治には、『神道神学――組織神学への序章』（大明堂、一九八六年）、『神道神学』（神社新報社、一九九〇年）、『神道神学論考』（大明堂、一九九一年）、安蘇谷正彦には、『神道思想の形成』（ぺりかん社、一九八五年）、『神道の生死観——神道思想と「死」の問題』（ぺりかん社、一九八九年）、『現代社会と神道——神道神学試論』（ぺりかん社、一九九六年）がある。なお、上田賢治と安蘇谷正彦はともに國学院大学学長を務めた。

（3）「学問」について、私は三十年来、「三種学問論」を説いてきた。第一に、道としての学問、第二に、方法としての学問、第三に、表現としての学問である。この「三種学問論」を、鎌田東二・島薗進・島田裕巳・吉福伸逸・松澤正博・岡野守也著『宗教・霊性・意識の未来』（春秋社、一九九三年）に収録した。「道としての学問」とは、人格形成や人間性の涵養を目指すもので、神学や教学や心学を含む学問的修養の道である。孔子の『論語』に「十五にして学に志す」とあるように、学問をする人間の志や動機や実存的意味や倫理に基づく人格形成・人間性の深化・涵養・練磨を促す学問のあり方を示すものである。「方法としての学問」は、知性練磨や認識機能亢進や新知見獲得を目指すもので、これが現在、一般に考えられている学問である。言うまでもなく、科学や人文学を含めてすべての学問には一定の方法論や領域・分野があるが、そのような知に至る明晰な方法や領域の特定・対象化・制限を通して、ものの見方の更新や概念のイノベーションや新知識の発見と獲得を目指すあり方を示すものだ。そして、「表現としての学問」とは、本書で全面展開しているように、学問的問いを詩や物語や演劇で表現するワザを研く探究と表現である。西洋で言えば、プラトンの対話篇、アウグスティヌス『告白』、ニーチェの『ツァラトゥストラかく語りき』など、日本で言えば、空海の『三教指帰』、中世の教学・教理問答テキストである法然の『選択本願念仏集』や吉田兼倶『唯一神道妙法要集』、宮沢賢治の『農民芸術概論綱要』など、問いと探究を新しい表現形式の中で探り深めていくあり方を示す。「学問」は、たとえば「序論（問題設定）・本論（事例実験提示・論証）・結論」の過程を明確に示すような論文形式だけでなく、その思索や問題把握と問題洞察のありようそのものをさまざまな表現形式で表すことができるはずだ。今日のような「査読付き学術論文」を優先順位の第一にするような偏った一元的な評価方法では学問の豊かさや創造性を発現させることはできないだろう。私自身は、学問にはこの三種があり、その三種ともに大切で、不可欠だと考え、それを本書で証明してみたい。

（4）「インターパシー」については、小西達也「「インターフェイス・ケア」解明の必要性」（『日本臨床宗教師会ニューズレター第十二号、日本臨床宗教師会、二〇二二年十二月十五日刊』）に、「アウグスバーガー（Augsburger）は、異他についての想像的共感あるいは理解とも言うべきものを「インターパシー（Interpathy）」と呼ぶ（David Augsburger, Pastoral Counseling Across Cultures, Westminster John Knox Press, 1986)」（三頁）と述べている。

（5）明治期の神社神道界を激震させたいわゆる「祭神論争」もこれと無関係ではない。明治八年（一八七五）、大教院を解散した後の神道事務局の神殿に、天御中主神・高産霊神・神産霊神の「造化三神」と「天照皇大神」の四神の他に、出雲大社の祭神である「大国主大神」を祀るべきだという千家尊福出雲大社宮司の強力な提案に端を発したこの論争に関して、私自身は大国主神を共に祀るべきであったと考える。平田篤胤や千家尊福らが主張してきたように、天照大神および皇孫は「顕露事」を知らすが、大国主神は「幽冥事」を知らす神と考えるからである。ここで、曖昧さと多様性を強く残してきた古来の死生観が大きく現世的な方向に変容していった。隠退神・艮の金神の復活を説き「世の立て替え立て直し」を提唱した出口なおや出口王仁三郎ら大本の宗教運動は、出雲的なるものの反撃・噴出であったと捉えることができる。なお、この点を詳細に論じたのが、原武史『〈出雲〉という思想』（公人社、一九九六年、講談社学術文庫、二〇〇一年）であった。

（6）私の詩集『絶体絶命』（土曜美術社出版販売、二〇二二年五月三十日刊）「I 大国主」を読んで、ドゥルーズ＝ガタリの「脱領土化」（déterritorialisation）と結びつけて問題提起をしたのは、小樽商科大学名誉教授のフランス文学者・高橋純である。高橋は「対話・聴き耳頭巾が落ちている」（詩誌『フラジャイル』第十六号、二〇二二年十二月刊）の中で、「今この時に日本神話の、それも大国主の「国譲り」という不思議なエピソードが存在する理由を考えると、自然とこのドゥルーズ＝ガタリの哲学を想い出したわけなのです。彼らは人類史の流れを現代まで辿ってこの「脱領土化」の概念を発見したわけですが、もしかしたら大国主はすでにはるか昔に歴史的段階を飛び越して、この概念を先取りしていたかもしれない。大国主の「国譲り」というのは、領土を敵に奪われるというのとも違うようだし、あるいは領土を持つことを諦めるというのでもないようです。この神話的エピソードは、大国主が国を作る神様であるからには、日本というネイション（nation）のアイデンティティを確保しながらも、領土と領土の、つまりステイト（state）としての国家間の分断を解消するという道を探り、それを実現する鍵を見つけたのではないかと想像させるものなのです」とも、また「これは神話の、私の勝手な解釈であるかもしれないですけれど、私がちょっと知っているフランスの50年ほど前の世界で哲学者ジル・ドゥルーズと精神科医フェリックス・ガタリが共同で打ち出した重要な概念の中に「脱領土化」というものがあります。これは彼らの哲学の中でたぶん最重要の概念の一つなんですけれど、領土を、これは人類史の中で、原始国家と専制国家と資本主義国家の三つの流れの中でまず最初に国を創るというのは、「領土化」なわけです。領土を獲得する。一旦それが始まると今度は戦争をするわけですね。専制国家は専制国家同士の戦いの歴史を生み出すわけです。それを乗り越える一つの工夫として「脱領土化」という概念が編み出されたわけなんです。これは、領土を敵にとられるとか、あるいは領土を持つことを諦めるということではなくて領土と領土の、つまり国家の分断を解消するという動きになるはずだという考え方から生み出されたものです。それが現在、彼らがそういう概念を生み出してから実現されてはいないです。実現されていない証拠が現在のウクライナでの戦争とか、それ以前にも中東などあちこちでずっと続いているわけですけれど、領土争いというかたちで常に続けられてきた、繰り返されてきた、これを乗り越えるものがあるはずだ、あってほしいということから出て来たわけなんです。大国主がなぜ戦争をしない神様なのかと考えたとき、このドゥルーズ＝ガタリの哲学を思い出したわけなんですけれど、大国主の国譲りの話というのは私たちはもっと深く真剣に考えていかなければならないんじゃないか、現在の世界の悲惨を乗り越える一つのヒントになるのではないか、というような風に理解したわけです」とも述べている。大変示唆的な見解であり、国作りや国譲りという「国」のありようを考えていくヒントとなったことを感謝したい。

(7)『古事記』上巻の中でもっとも多く和歌が交わされているのが大国主神の段である。越の沼河比売との間に三首の長歌のやり取りが、また、正妻の須勢理毘売との間に長歌二首のやり取りが収められている。大国主が沼河比売に贈った歌は次の通りである。「八千矛の　神の命は　八島国妻枕きかねて　遠遠し　高志国に　賢し女を　ありと聞かして　麗し女を　ありと聞こして　さ婚ひに　あり立たし　婚ひに　あり通わせ　太刀が緒も　いまだ解かずて　襲をも　いまだ解かねば乙女の　寝すや板戸を　押そぶらひ　わが立たせれば　引こづらひ　わが立たせれば　青山に　鵺は鳴きぬ　さ野つ鳥　雉はとよむ　庭つ鳥　鶏は鳴く　心痛くも　鳴くなる鳥か　この鳥も　打ち止めこせぬ　いしたふや　天馳使事の　語言も　是をば」。また、須勢理毘売に贈ったものは、「ぬばたまの　黒き御衣を　まつぶさに　取り装ひ　沖つ鳥　胸見る時　はたたぎも　これは適はず　辺つ波　そに脱き棄て　そに鳥の　青き御衣を　まつぶさに　取り装ひ　沖つ鳥　胸見る時　はた

たぎも　此も適はず　辺つ波　そに脱き棄て　山県に　蒔きし　あたねつき　染木が汁に　染め衣を　まつぶさに　取り装ひ　沖つ鳥　胸見る時　はたたぎも　此し宜し　いとこやの　妹の命　群鳥の　我が群れ往なば　引け鳥の　我が引け往なば　泣かじとは　汝は言ふとも　山処の　一本薄項傾し　汝が泣かさまく　朝雨の　霧に立たむぞ　若草の　妻の命の　事の語り言も是をば」である。どちらも、「事の語り言も是をば」という定型章句で結ばれる極めて重要な長歌となっている。前者ではせっつく求愛の恋心をあきらさまに率直に表出し、後者では正妻への思いやりに満ちた優しい歌を贈っている。しかし、この時、大国主神は、なぜ、いかなる理由や所要があって大和の国に行こうとしたのか？　その「出張目的」は何か？　沼河比売への求婚のような求婚目的であったのか？　それとも政治的な目的か？　前者の高志（越）の国への「出張」は沼河比売に会いにいくと行く目的がはっきりしているが、後者の出雲から大和の国へなぜわざわざ八千矛神＝大国主神が行かねばならないのか、その理由は一切書いていない。ではあるが、須勢理毘売は、一世一代の歌を返した。その歌は、「八千矛の　神の命や　吾が大国主　汝こそは　男に坐せば　打ち廻る　島の埼埼　かき廻る　磯の埼落ちず　若草の　妻持たせらめ　吾はもよ　女にしあれば　汝を除て男は無し　汝を除て　夫は無し　綾垣の　ふはやが下に　むし衾　柔やが下に　栲衾　さやぐが下に　沫雪の　若やる胸を　栲綱の　白き腕　そだたき　たたきまながり　真玉手　玉手さし枕き百長に　寝をし寝せ　豊御酒　奉らせ」というもので、特別に「神語」をされると『古事記』には説明されている。重要なのは、冒頭で「八千矛の神の命や」と呼びかけながら、続けてすぐさま「吾が大国主」と重ねて呼びかけているところと、最後に「豊御酒奉らせ」とまるで王位就任儀礼のような祝意を示しているかに見える点である。この点において、この須勢理毘売の長歌は、単なる相聞歌的な恋歌の返しではなく、正統なる国主への奉献儀礼的な内容を持っていると考えられる。詳しくは拙著『古事記ワンダーランド』（角川選書、二〇一二年）を参照。

（8）　神道宗教学会第七十六回学術大会で発表した際、国学院大学教授の笹生衛神道宗教学会会長、同大学名誉教授の岡田莊司元会長の有益なコメント得たことを感謝したい。笹生は、論考「律令期の祭祀・儀礼と官衙・寺院・集落――信仰関連遺物からみた祓の再検討と信仰の地域ネットワーク」（佐藤長門編『古代東アジアの仏教交流』勉誠出版、二〇一八年）の表1（三三一頁）と実測図（三三九頁）において、嗚神山遺跡出土の墨書土器などに、「國玉神、大國玉神」とあることを明記している。また、千葉県香取地域の東野遺跡、山武地域の庄作遺跡でも同様の出土があることを指摘している。笹生衛『神仏と村景観の考古学――地域環境の変化と信仰の視点から』（五〇－八〇頁、弘文堂、二〇一一年）など。このような「國玉」とか「大國玉神」などの墨書の考古学資料は非常に興味深く、「大国主神」という神の名称の成立過程や神格化の過程の基盤的背景を成していると考えられる。

岡田莊司は、折口信夫や阪本是丸が共に晩年に大国主神の問題に関心を持っていたことを指摘してくれた。また、岡田は、最新著『古代天皇と神祇の祭祀体系』（吉川弘文館、二〇二二年）の中で、「伊勢・出雲の東西軸」について指摘し、「伊勢と出雲との東西軸の核に置かれたのが、大和・大神神社である」（七頁、六六頁）と述べているが、まったく同意見である。私も『神と仏の精神史』（春秋社、二〇〇〇年）や『神と仏の出逢う国』（角川選書、二〇〇九年）の中で同様の考えを展開してきた。

神道宗教学会第七十三回学術大会（令和元年、二〇一九年）でのシンポジウム「戦後神道と学問」の講演記録の中で、阪本是丸は次のように折口信夫を批判的に吟味し評価している。「折口がこの三上の投稿を読んだのかどうかは知らないが、その一年後の昭和二十二年十二月六日、「禅の大家」鈴木大拙らと「神道と佛教」と題する座談会に臨み、「吾々は何としても宗教のためにはヱホバのやうな神を認めねばならないので日本に傳つてゐるものは大和と出雲と、さういつた兎も角大きな神があつて、その神がだんだん愛を具現して行つたと云へると思ひます。〃俺は愛の神だ〃といつて名告つただけでなく、愛を二代かゝつて建設してゐる。／だからさういふ神を中心にして、日本の宗教といふものは起つて行くべきもの」と述べ、その中心となる「神」として天照大神だけでは不十分で、「やつぱり大己貴といふやうな創造者としての名前で——普通の場合は大國主でせうが大國主をもう少し日本の宗教神道では考へる必要があると思ひます。……もつと大國主命を中心に考へるのが本當だと思つて居ります。」と鈴木大拙の前で語つてゐる（『悠久』第四号、昭和二十三年十月)。果たして、三上にとつて折口は「思想の人」たり得たかどうかは不明であるが、折口がこのやうに「ヱホバ的神道の宗教化」に邁進したことだけは間違ひない事実である」(『神道宗教』第二六一号、七〇‐一〇九頁、神道宗教学会、二〇二一年一月刊)。一貫して折口信夫を批判的に見てきた阪本是丸らしい見解である。それでは、そこから阪本自身がどのように大国主神を考えていたかについては明言していない。

ところで、折口信夫自身は、「万葉びとの生活」の中で、「おほくにぬしの、よみから伴れ戻つた嫡妻すせりひめは、へらの様に嫉み心が強かつた。八十神と競争して取り得たやかみひめも、彼女の妬心を恐れて、生みの子をば、木の股に挟んで逃げた。倭への旅に上る時、嫉妬の昂奮を鎮める為「ぬばたまの黒きみけし……」の歌を作つてゐる。が其時に、嫉み妻に持つた愛は、ぬなかはひめの門に立つて唱和した歌に見えたものと、変らぬ美しい愛であつた」とか、また、「神々のよみがへり」の小見出しを付けて、「恋を得たおほくにぬしは即、兄たちの嫉みの為に、あまた度の死を経ねばならなかつた。母は憂へてすさのをの国に送つた。併しそこでも、くさ〴〵の試みの後に野に焼き込められねばならなかつた。愚かなること猫の子の如く、性懲りもなく死の罠に落ちこんだ。けれども其都度、復活の力を新にして兄たちの驚きの前に立ち現れた。蛇・蜂・蜈蚣のむろは、労働求婚の俤も伝へて居るが、尚死地より蘇生させる智慧の力を意味してゐる。／下つ界に来てからは、死を自在に扱ふ彼であつた。智慧と幸運とは其死によつて得た力に光りを添へる事になつて来る。焼津野の談は、やまとたけるの上にも、復活の信仰の寓つて居ることを見せる。実際此辺りまでは神か人かの弁ちさへつかない。万葉人も世が進むにつれて、復活よりも不死、死を経ての力よりも死なぬ命を欲する様になつた。択ばれた人ばかりでなく、凡俗も機会次第に永久の齢を享ける事が出来るもの、と思ひもし、望みもした。此はおほくにぬしの生活を、人々の上に持ち来たさうとする考へが、外来思想によつて大いに育てられたものと見てよからう。／併し初めには不死の自信がなかつた為に、生に執著もし、復活をも信じたのである」とか、また、「智慧の美徳」と小見出しを付けたところでは、「純良なおほくにぬしは、欺かれつゝ次第に智慧の光りを現して来た。此智慧こそは、やまとなす神の唯一のやたがらすであつた。愚かなる道徳家が、賢い不徳者にうち負けて、市が栄えた譚は、東西に通じて古い諷諭・教訓の型であつた。ほをり・神武・やまとたける・泊瀬天皇など皆、此美徳を持つて成功した。道徳一方から見るのでなければ、智慧と悪徳とは決して、隣りどうしでないばかりか、世を直し進める第一の力であつた。此点は既に和辻哲郎氏も触れた事がある。／人の世をよくするものは、協和ではなくて優越であり、力ではなくて智慧であることに想ひ到るまでには、団体どうしの間に、苦い幾多の経験が積まれたのである。おほくにぬしを仰ぐ人々の間には、長い道徳にかけかまひのない生活が続いてゐたのであらう。」と記し、若い頃から独自の大国主論を展開している（『古代研究』折口信夫全集第一巻、中央公論社、一九九五年、原著一九二九年、初出一九二二年）。

初出一覧

序　章　須佐之男のおらび

スサノヲとディオニュソス　NPO法人東京自由大学WEBマガジン「なぎさ」（二〇二三年一月）より

第1章　日本神話詩

開放譚　スサノヲの叫び　第五詩集『開』（土曜美術社出版販売、二〇二三年二月二日刊）より

大国主　なぜこれほどの重荷を背負わなければならないのか？　第四詩集『絶体絶命』（土曜美術社出版販売、二〇二二年五月三十日刊）より

流浪譚　ヤマトタケルの悲しみ　書き下ろし

国生国滅譚　イザナミの呪い　書き下ろし

第2章　世界神話詩

オルフェウス　1　第三詩集『狂天慟地』（土曜美術社出版販売、二〇一九年九月一日刊）より

オルフェウス　2　第三詩集『狂天慟地』より

ノア　第三詩集『狂天慟地』より

最終の言葉　第三詩集『狂天慟地』より
デルフォイの夢　第三詩集『狂天慟地』より

第3章　悲嘆の神話詩

歎きの城　第三詩集『狂天慟地』より
戸口　第三詩集『狂天慟地』より
海月なす漂える国　第二詩集『夢通分娩』（土曜美術社出版販売、二〇一九年七月十七日刊）より
生命の樹　第二詩集『夢通分娩』より
神剣　第二詩集『夢通分娩』より
出雲鳥兜　第二詩集『夢通分娩』より
妹の力　第二詩集『夢通分娩』より
小女始源　第二詩集『夢通分娩』より
秘密漏洩　第二詩集『夢通分娩』より
難破船　書き下ろし

結　章　受苦と癒しの大国主

痛みとケアの神としての大国主神　書き下ろし

あとがき　*1*

この数年、十代に向き合ってきた神話と詩にどっぷりとひたっていた。二〇一八年に『常世の時軸』（思潮社、二〇一八年七月十七日）、二〇一九年に『夢通分娩』（土曜美術社出版販売、二〇一九年七月十七日）と『狂天慟地』（土曜美術社出版販売、二〇一九年九月一日）を出し、「神話詩三部作」と名付けて、これ以上、詩集を出すことはないと思っていた。

が、二〇二二年二月二十四日、ロシアによるウクライナ侵攻があり、一週間で第四詩集『絶体絶命』（土曜美術社出版販売、二〇二二年五月三十日）を書き上げた。そして続いて、第五詩集『開』（土曜美術社出版販売、二〇二三年二月二日）を一週間で書き上げ、出版することになった。これで思いがけず「神話詩五部作」となった。

が、その間にもいろいろと「絶体絶命」的状況があって、本書『悲嘆とケアの神話論――須佐之男と大国主』を急ぎまとめた。第二詩集『夢通分娩』から第五詩集『開』までの「神話詩」を収録するとともに、新たに、ヤマトタケルとイザナミの悲しみや呪いを書き足した。
これなしに、わが「神話詩」は終ることがない。その最小単位になる詩篇を二篇書き継ぎ、そしてまた二篇の論考を書いて、これまた一週間で本書をまとめ、編んだ。

その間、ある夜遅く、訃報が届いた。親しくしてきた映画監督の龍村仁さんが亡くなったという訃報が。

急ぎ、実姉でニューヨークに住む龍村和子さんと、実弟で東京に住む龍村修さんの二人に哀悼のメールを送り、最後に次の和歌を添えた。

龍村に　立ち上がり去る　仁風の
　甘き香りに　時じくを知る

『地球交響曲第一番』（一九九二年公開）に協力して以来、龍村仁さんとは天河大辨財天社で、あるいは各所でいろいろと映画上映会やシンポジウムやトークイベントを行なってきた。
「地球の声が聴こえますか?」という鮮烈なキャッチフレーズで、一九九〇年代の日本社会に、今にも崩れそうになってきている（実はそれはそれで地球の自然の律動に沿ってはいるはずだが）地球の声を、未来につながる希望の声を届けてくれた。

私の「神話詩五部作」も、本書も、うわべの希望はまったくない。しかし、その詩の根幹において、祈りと希望と「開け」を詠っている。絶望の中で、暗黒の中で、一縷の光明を見ようとしている。

そのためには、太古の神話の世界から、そこで問いかけられた問いから逃げずにその「神話の声」を聴き届けて、それを今に伝えようとしている。時代錯誤のようないとなみであるが、私は本質的に時代錯誤な人間であるのでしょうがない。あきらめている。

二〇二三年一月四日

鎌田 東二　拝

とこしえの　とこよのとこを　とことこと
ひたすらあゆみて　とこわかのゆめ

あとがき 2

十歳の時に『古事記』を読んで以来、座右の書として『古事記』を読みつづけてきた。その六十三年の積年の思いが本書を成り立たせている。

これはわが執念の書であり、神話について客観的な立場からの研究や解釈を主としてきた宗教学や人類学に対しての挑戦状であり、『古事記』を含む日本文学史を十分に踏まえることなく日本文学に従事してきた文学者たち、作家たちに対する抗議の書であり、「遺言」でもある。

「遺言」であるという意味は、これをまとめ、書き上げた時は、ガン宣告後二週間で、手術前十日から一週間の間に本書をまとめることになったからである。

昨年十二月十六日に地元、京都市左京区のバプテスト病院で大腸癌を告知され、イレウス（腸閉塞）リスクを抱えながらの決死の覚悟をもって十八日に「絶体絶命」レコ発ライブを東京碑文谷のＡＰＩＡ40で遂行し（記録動画はYouTube上＊に公開されている）、翌十九日に入院、二十一日に仮退院して、年末年始を家で過ごし、本年一月十日に再入院して、十一日に手術、術後二週間の入院加療という医療計画だった。その年末年始に家から一歩も外に出ず、本書を一週間でまとめ、書き上げた。出来上がった時には、家族に、「我ながら思うけど、どうしてこんなに集中力があるのかなあ～」と思わず言ってしまったぐらいである。

＊「絶対絶命レコ発ライブ全公開」https://www.youtube.com/watch?v=HF6auvkahpA

それは、「遺言」を意識していたからでもあるし、今しか書けないものがあるという思いからでもあった。年末年始に他のエッセイを含め、いろいろな文章を書きつづけながら、その合間に本書を完成させた。

上智大学で担当してきた授業でキューブラー・ロスの『死ぬ瞬間――死とその過程について』（鈴木晶訳、中公文庫、二〇〇一年、原著一九六九年）を毎年古典的な名著として取り上げてきた。そこで彼女は、死への過程で起こる有名な五つの段階をモデル化した。①否認と孤立（Denial and Isolation）、②怒り（Anger）、③取引（Bargaining）、④抑うつ（Depression）、⑤受容（Acceptance）の五段階である。その後、この死に至る悲しみの五段階説はさまざまな批判にさらされるが、重要なことは「否認」から「受容」に至り得るという葛藤の過程があることを広く世に認識せしめた点だ。そして人がいかにして死の受容に至るのかが大きな課題となり、今日の「終活」騒ぎの中でも、この点は外せないキーポイントとなっている。

さて、私が研究領域としている「身心変容」あるいは「身心変容技法」という観点からすると、病がもたらす「身心変容」はフィジカル面では不可抗力と言えるが、同時にメンタル面やスピリチュアル面ではそれを一つの警告とか啓示とかメッセージとして受け止めて、違う生き方や在り方に変容させる可能性を持っている。

キューブラー・ロスは、たとえば、癌を宣告された患者が、死を運命として受け入れられず、検査結果を疑い、否定し、どうして自分がそんな病に罹ったのかと怒りを感じ、死の恐怖から逃れよう神仏に祈ったりすがったり、諸種の代替治療を試したり、普段しないような慈善行為の寄附をしてみたりして取引を重ね、それも役に立たないことを知ると抑うつ状態に陥って絶望的な気持ちになって何事にも無気力になるが、終には、死を避けられぬ運命として受け入れて安らぎを得る過程を鮮やかに描いて見せた。

これは、死の臨床人間学的研究に大きな寄与と前進を与えるものだった。

だが、ガンを告知されて思ったのは、まず、キューブラー・ロスの言う五段階を順序だてて辿ることのない、いきなりの「受容」もあるのではないかという実感と、「怒り」ではなく「感謝」と言うべき感情の生起もあるのではないかという気づきである。異論というほどではないが、違う見方や状況もあり得るのではないかということだ。

むしろ、告知後もっとも難しく、悩ましかったのは、医師からの告知を自分自身で受容することよりも、このことを周りの他者、家族や友人にどのように伝えるのかであった。告知を受け取るよりも、告知を伝える方がはるかに気を遣い、難しいのだ。

たとえば、予定をキャンセルする過程、然り。どこまで、どのように伝えて、イベントを中止してもらうか、参加をキャンセルしてもらうか。じつに悩ましく、難しかった。気を遣う。主治医の意見を容れて、手術までのほとんどの予定はキャンセルした。そのためには、ある程度、相手が納得するような取り止め理由を告げなければならないが、その加減や塩梅が難しい。

私は、一九九八年一月六日に酒を飲むのを止めた。空中右手上方からある声が聴こえて来て、その声のメッセージをよくよく考えて、その日から一番好きなものを断った。それから二十五年が経つ。

その時聴こえた声とは、次のような声であった。「おまえはおのれの欲望におぼれている。おまえがこの世で使命を果たしたいならば、おまえはおまえの欲望を超えていかねばならない。」

私はこの声を「うそのつけないたましい」のメッセージだと受け止め、からだが一番欲望する飲酒をその日から止めた。以来、四半世紀。

しかし、酒を止めてから自分が便秘体質であったということに気づき（酒を飲んでいる時には一度もそのようなことはなかった）、かなり長いこと便秘で苦しんだ。たぶん、その便秘で腸に相当なストレスを与えていたこともイレウスリスクの高い上行結腸癌（盲腸癌）になったこととと関係があるのではないかと思っている。

いろんな方策を駆使して便秘対策を試みたが、決定打はなかった。が、ある時、食事療法に気づいて、徹底的に繊維質の豊富なものを主に食べるようになり、劇的に改善された。

以来、私は自分で「お殿様《しり》に仕える」家臣のような気持で毎日を過ごし、「おしりさま」にいいものを極力食するようになった。そして、毎朝の排便時には排便物を毎回確認し、手を合わせて拝んだ。うやうやしく「ありがとうございます」と言いながら。

そのような日々を送ってきたので、腸クンにはいろいろと負担をかけてきたことと思う。それを文句も言わず、ずっと「受容」してきてくれた腸クンやからだクンには感謝しかない。だからガン君にすら「ごめんね。ありがとね。」と言いながら撫でさすっていた。

これは、「複雑性悲嘆」ならぬ「複雑性感謝」ではないかと思っている。何が複雑なのか？

第一に、からだのさまざまな複雑な機構に対しての感謝。

第二に、そのようなからだに向き合うこころやたましいに対する感謝。

第三に、そのようなからだを与えてくれた親や育んでくれた環境などに対する感謝。

第四に、上記の第三に関連するが、たべものやのみものや、空気や風やもろもろの自然・環境・大自然に対する感謝。

第五に、このような感謝の気持ちを引き起こしてくれる大きなはたらきとちから（それを神とか仏とかと呼んできたようにおもう）に対する感謝。存在そのものに対する感謝。地球存在、宇宙存在。異次元存在への感謝などなど、もろもろ。

昨年四月に逝去した社会学者の見田宗介（一九三七〜二〇二二）は、『現代日本の精神構造』（弘文堂、一九六五年）「第二部　現代日本の精神状況」の中の「八　死者との対話――日本文化の前提とその可能性」において、日本人には「原恩」ないし「天地の恩」の思想があると指摘している。

「世界における道徳意識の根底にあって、〈原罪〉の意識に代わるべき地位を占めるのは、いわば〈原恩〉の意識であろう。（中略）特定の歴史的時代において、特定の階級の〈原恩意識〉が無限債務のイデオロギーに流しこまれたことはあったが、その底にある日本人の普遍的な〈原恩〉意識そのものは、そんなに卑屈なものでもなければ、抑圧的なものでもない。むしろ反対に、生きていることのよろこびの発露のようなものである」（同書、一五六－一五七頁）。

どうも、私にも、見田宗介が言うような、「原恩」とか「天地の恩」感覚がどこかにセットされているようなのだ。

見田は、日本文化に見られる「汎神論」においては、「日常的な生活や「ありのままの自然」がそのまま価値の彩りをもっていて、罪悪はむしろ局地的・一時的・表面的な「よごれ」にすぎない。真空の中に物体がある古典力学の世界ではなく、空間そのものが無数の粒子の散乱によって充たされている現代物理学の世界である。賢治や白秋の宇宙感覚、小津安二郎や木下恵介の抒情性、スナップ写真や日記への嗜好などをもち出すまでもなく、日本文化論のレギュラー・メンバーとなっている俳句や詩小説はつねに、生活における「地の部分」としての、日常性をいとおしみ、「さりげない」ことをよろこび、「なんでもないもの」に価値を見出す――「奥の細道」の旅路そのものが問題であって、到達点としての松島自体は、実はどうでもよかったのではなかろうか」（同一五五－一五六頁）と述べている。

私がそのふもとで住まいする比叡山には、平安時代に「一仏成道観見法界、草木国土悉皆成仏」と命題化される天台本覚思想が発達した。そのような観点からすれば、ガンも便もすべてが「成仏」ということになるだろう。

じっさい、比叡山の麓にある天台五大門跡寺院の一つの曼殊院門跡には「菌塚」がある。発酵食品の開発などに使われてきた菌に対して、そのおかげを感謝し、何億何兆という数の実験に使われてきた「多種多様な菌様」に対して鎮魂供養をする「塚」である。そこでは、毎年五月に、欠かさず供養の儀式（法要）が行なわれている。これこそ、原恩教とも「ありがた教」（すべてが有難く思える）とも言える日本の〈感謝教文化〉の発露ではないだろうか。

だがしかし、ウクライナ戦争や国内外のクリスマス期の大雪吹雪災害などなどを見ても、天台本覚思想の「悉皆成仏」や「菌塚」どころか、「悉皆地獄」や「金摑み合戦」のような状況である。それでもなお、「悉皆成仏」と言える「原恩思想」や「ありがた教」の「複雑性感謝」

は成り立つのか、しかと見届けながらこれからを生き、死んでいきたい。

指先に告ぐ
死期を悟らしめよ

天晴れて　月傾ぶける大文字
庵は朽ちて　草いきれ

天声人語は聞こゆれど
ただひたすらに　開けの明星
のうまくさまんだばだらだん
のうまくさまんだばだらだん

海月の島は今にも沈まんとして
最期の咆哮を上げている

ゆくりなくも　おっとり刀で駆けつける
さぶらいたちよ

汝ら騎士のちからもて
この腹裂きて　岩戸を開け
夢の彦星　産み出せよ
夢の姫星　産み出だせ

友在りて　天声人語を　聞かせれど
狂天慟地の　只中を往く

二〇二三年一月十七日五時四十六分
阪神大震災の起こった時間に大文字山を見上げながら記す

鎌田　東二

補記

結局、大腸がんの手術と入院生活は約一ヶ月に及んだ。入院したのが一月十日、退院したのが二月八日となった。退院が遅れた理由は、乳糜腹水という合併症に三度もかかったからである。これにより、三度退院が延期されそのつど落胆した。そして、最後は二週間十四日間の絶食療法で、点滴や投薬チューブにつながれて自由に身動きすることもままならず、行動制限を受けた。この乳糜腹水の合併症を引き起こすケースは珍しく、施術一%か二%あるかないかのようであるが、ほとんどが一週間の絶食療法とオクトレオチドの皮下注射で治っている。が、私の場合は残念ながら例外となり、さらにもう一週間の絶食療法とオクトレオチドの皮下注射と、それに加えて、低血圧の人の血圧を少し上げることによって傷口を塞ぐ効果を早めるエチレフリン注入を併用した。この併用については、学会症例報告論文（日本臨床外科学会雑誌第七四号—一、五七–六二頁、二〇一三年「術後リンパ漏にオクトレオチド・エチレフリン併用療法を行った食道癌の一例」大阪医科大学一般・消化器外科：大関舞子他六名）に基づくインフォームドコンセントを受け、納得してその治療を進め、ようやくにして乳糜腹水から解放された。この先の見えない時間を過ごすことにより、病の中にあることの苦がいかなるものであるかをより深く具体的現実的に体験することになり、考えるところが多々あった。そして、その過程で『入院詩集』二〇篇（私家版）を作ったのだった（入院中に作った二〇篇と退院後に作った一〇篇を合わせて、第七詩集『いのちの帰趨』（港の人）を近刊する予定である）。

その後、PET検査で肺と肝臓とリンパ節への転移が見つかり、ステージⅣが宣告された。昔であれば、余命二年が限度であろうが、現代医療の方途により、いかほどの余命になるかは不明である。が、間違いなく、バックキャスティング的に死が日々迫っていることは事実である。

そのような死との対峙のさ中で、神話と詩との対峙に取り組み、生涯をかけて探究してきた成果のエキスを本書として上梓したい。

この、おそらくはわけのわからないところを含む、過激で奇怪な本を年末年始に書き上げた。しかし、これを出してくれるところを見い出すのは容易ではなかった。それををしっかりと現今日本の日の目に曝してくれた、春秋社の元名編集者の佐藤清靖氏とフレッシュな柳澤友里亜氏と神田明社長ほか春秋社のみなさんに心からの感謝を捧げたい。また、そのための出版助成をしていただいた一般社団法人日本宗教信仰復興会議にお礼を申し上げたい。

著者略歴

鎌田東二（かまた・とうじ）

1951年、徳島県生れ。宗教学・哲学。武蔵丘短期大学助教授、京都造形芸術大学教授、京都大学こころの未来研究センター教授、上智大学大学院実践宗教学研究科・グリーフケア研究所特任教授を経て、京都大学名誉教授、NPO法人東京自由大学名誉理事長、天理大学客員教授。石笛・横笛・法螺貝奏者。神道ソングライター。フリーランス神主（神仏習合諸宗共働）。

主著に『神界のフィールドワーク――霊学と民俗学の生成』（青弓社、初版は創林社）、『翁童論――子どもと老人の精神誌』（新曜社）、『宗教と霊性』（角川選書）、『神と仏の精神史――神神習合論序説』（春秋社）、『霊性の文学誌』（作品社）、『神と仏の出逢う国』（角川選書）、『言霊の思想』（青土社）、『南方熊楠と宮沢賢治――日本的スピリチュアリティの系譜』（平凡社新書）、『「負の感情」とのつき合い方』（淡交社）ほか。

悲嘆とケアの神話論
——須佐之男と大国主

二〇二三年五月三日　第一刷発行

著者　鎌田東二
発行者　小林公二
発行所　株式会社　春秋社
東京都千代田区外神田二—一八—六（〒一〇一—〇〇二一）
電話　〇三—三二五五—九六一一（営業）
〇三—三二五五—九六一四（編集）
振替　〇〇一八〇—六—二四八六一
https://www.shunjusha.co.jp/
装画　横尾龍彦
装幀　鎌内　文
印刷・製本　萩原印刷株式会社
定価はカバー等に表示してあります。

ISBN 978-4-393-31137-0